I0006222

Marco Colombo

# SVILUPPO WEB FULL STACK PER LA CERTIFICAZIONE LPI WEB DEVELOPMENT ESSENTIALS

La Risorsa di Studio Ideale per Principianti
per Imparare HTML, CSS, JavaScript, Node.js
e SQL e Progettare Applicazioni Web
Complete e Funzionali

2025

Copyright © 2025 by Marco Colombo

All rights reserved. This book or any portion thereof may not be reproduced or used in any manner whatsoever without the express written permission of the publisher except for the use of brief quotations in a book review or scholarly journal.

First Printing: 2025

ISBN: 9798303896031

# Indice

**Impressum** ............................................................................ vii

**Informazioni sull'autore** ..................................................... ix

**Introduzione** ....................................................................... 1

   *Organizzazione del libro* .................................................. 1

   *Suggerimenti per l'esame* ................................................ 2

**Le basi dello sviluppo web** .............................................. 5

   *Il codice sorgente* ........................................................... 5

   *Architettura client-server* ................................................ 8

   *Il protocollo HTTP* .......................................................... 13

      *Il messaggio di richiesta HTTP* .................................. 14

      *Il messaggio di risposta HTTP* ................................... 21

      *HTTP e cookie* .......................................................... 31

**Il linguaggio HTML** ........................................................... 33

   *Informazioni generali* ..................................................... 33

   *Struttura di un documento HTML* ................................... 35

Meta-informazioni ........................................................36

Elementi di testo ..........................................................37

Formattazione del testo ...............................................42

Come raggruppare più elementi .....................................44

Come strutturare una pagina HTML ...............................45

Link ...........................................................................48

Immagini ....................................................................51

Audio e video ..............................................................52

Campi di form .............................................................54

Campi di testo ed etichette .........................................54

Pulsanti di opzione ....................................................58

Caselle di controllo ....................................................59

Elenchi a discesa .......................................................60

Campi nascosti ...........................................................61

Campi file ..................................................................62

Aree di testo ..............................................................62

Bottone di reset .........................................................63

Bottone di submit .......................................................63

Bottoni generici ..........................................................63

Dove inserire i campi di un form ..................................64

**Esercizi - HTML** ..........................................................**67**

**Il linguaggio CSS**..........................................................................**77**

*Informazioni generali* ............................................................*77*

*Selettori CSS* ........................................................................*80*

*Unità di misura*......................................................................*85*

*Proprietà CSS*........................................................................*86*

   *Come impostare i colori*...............................................*86*

   *Come cambiare font* .....................................................*88*

   *Come decorare il testo* .................................................*91*

   *Come cambiare lo stile di un elenco* ............................*92*

   *Come cambiare i bordi* .................................................*93*

   *Come cambiare lo sfondo* .............................................*96*

   *Come cambiare la larghezza* .........................................*98*

   *Come cambiare i margini*...............................................*98*

   *Come cambiare il padding* ............................................*99*

   *Esempio conclusivo*....................................................*100*

*Come cambiare il normale flusso di posizionamento di un elemento*...*105*

*Come posizionare un elemento* .............................................*107*

*Come visualizzare un elemento*.............................................*110*

*Siti web responsive* ..............................................................*112*

**Esercizi - CSS** ...........................................................**115**

**Il linguaggio JavaScript** ...........................................**123**

*Informazioni generali*..............................................................*123*

*La console del browser* .........................................................*125*

*Variabili*..............................................................................*125*

*Conversione di tipo* .............................................................*127*

*Gli array* ............................................................................*131*

*Gli oggetti*..........................................................................*137*

*L'istruzione if else* ..............................................................*140*

*L'istruzione switch*..............................................................*144*

*L'istruzione while* ...............................................................*148*

*L'istruzione do while*...........................................................*150*

*L'istruzione for*...................................................................*150*

*L'istruzione for of*...............................................................*152*

*Le istruzioni break e continue* .............................................*153*

*Le funzioni* .........................................................................*154*

*Il Document Object Model (DOM)* ........................................*160*

**Esercizi - JavaScript** ........................................................**173**

**Node.js**...........................................................................**183**

*Informazioni generali*..........................................................*183*

*Moduli* ...............................................................................*185*

*Node Package Manager*.......................................................*187*

*Express* ..............................................................................*189*

I parametri di rotta .................................................................193

Richiesta e risposta ...............................................................194

I Cookie..................................................................................196

Come servire file statici .........................................................198

Come servire file dinamici - Embedded JavaScript ..............201

Dove salvare i dati - SQLite...................................................205

**Esercizi - Node.js** ...............................................................**221**

**Conclusioni** .........................................................................**239**

# Impressum

This publication meets the requirements of the Linux Professional Institute Publishing Partner (LPP) program. Authors, editors and publishers hereby undertake that the present publication covers the stated learning objectives of the exam(s) covered of the version current at the time of publication. These learning objectives are presented in a complete, technically sound manner and in a form suitable for exam preparation. Visit https://learning.lpi.org to learn more about the LPP program and provide feedback on this publication.

# Informazioni sull'autore

Marco Colombo è laureato in *Ingegneria delle Telecomunicazioni* presso il Politecnico di Milano e si occupa di gestione di servizi IT da oltre dieci anni. È un *LPI Publishing Partner* del Linux Professional Institute, nonché l'autore dei libri di simulazione d'esame per ottenere le certificazioni Linux *LPIC-1* e *Web Development Essentials*. È inoltre formatore e divulgatore scientifico e da alcuni anni collabora con alcuni LUG (*Linux User Group*) locali e gestisce un blog (*https://www.examsimulations.com*) per condividere e diffondere l'uso del software libero attraverso attività didattiche e laboratori online.

*In memoria del mio amato zio "Pario"*

# Introduzione

## Organizzazione del libro

Il *Linux Professional Institute* ha recentemente progettato una nuova certificazione per sviluppatori chiamata *Web Development Essentials*, il cui obiettivo primario è aiutare gli studenti a muovere i primi passi nello sviluppo software. Come suggerisce il titolo, questo libro è la risorsa di studio ideale per chi vuole ottenere la certificazione, ma è anche estremamente utile per chi vuole semplicemente iniziare ad affacciarsi al mondo dello sviluppo web. Gli argomenti trattati, infatti, consentiranno al lettore di apprendere passo dopo passo le nozioni fondamentali per la creazione di siti e applicazioni web.

Dopo una breve introduzione sullo sviluppo software e sulle tecnologie web, il libro analizzerà i principali linguaggi utilizzati per la programmazione *lato client* e *lato server*. Si concentrerà sia sullo sviluppo del codice *front-end* con **HTML**, **CSS** e **JavaScript** per definire l'interfaccia che gli utenti vedono e con cui interagiscono, sia sullo sviluppo del codice *back-end* con **Node.js**, occupandosi di tutte quelle attività che si verificano *dietro le quinte* ogni volta che un utente esegue un'azione specifica. Un esempio? Certamente l'integrazione con un database. In particolare, il libro tratterà un pacchetto software di pubblico dominio che può essere incorporato in un'applicazione web e che consente di creare e gestire un database utilizzando il linguaggio **SQL**.

Ogni argomento è trattato in modo semplice ma dettagliato, offrendo al lettore sia una parte teorica sia una parte pratica con una serie di esercizi riepilogativi pensati per fissare i concetti appena appresi. Inoltre, i numerosi esempi di codice presenti nella trattazione teorica permettono al lettore di comprendere al meglio i diversi linguaggi mettendo subito in pratica quanto studiato: è quindi consigliabile non solo copiare questi esempi di codice ed eseguirli (così come sono!), ma anche modificarli a piacimento, pensandoli come punto di partenza per ulteriori sviluppi.

Acquisendo conoscenze sia lato front-end sia lato back-end, il lettore, al termine del percorso di certificazione, sarà quindi in grado di realizzare entrambe le componenti di codice, proponendosi sul mercato del lavoro come *sviluppatore full stack*, un professionista che possiede competenze tecniche complete sia lato client sia lato server ed è in grado di progettare, sviluppare e distribuire applicazioni e siti web completi e funzionali.

# Suggerimenti per l'esame

Al termine del tuo percorso di studi potrai decidere se sostenere l'esame di certificazione e validare le tue conoscenze oppure tuffarti direttamente nel mondo del lavoro proponendoti come *sviluppatore front-end*, *back-end* o *full stack*.

Ora ti darò alcune informazioni utili nel caso in cui deciderai di sostenere l'esame di certificazione vero e proprio.

L'esame per ottenere la certificazione *Web Development Essentials* è composto da 40 domande suddivise nelle seguenti categorie:

- Risposta singola: una risposta corretta tra più opzioni disponibili

- Risposta multipla: più risposte corrette tra più opzioni disponibili

- Riempi gli spazi vuoti: inserimento di comandi, opzioni, metodi o proprietà all'interno di una casella bianca

Il tempo massimo per rispondere a tutte le domande e completare l'esame è 60 minuti.

A differenza di altre certificazioni, la *Web Development Essentials* non scade, dura quindi per tutta la vita. Perciò una volta ottenuta, non sarà necessario sostenere un nuovo esame dopo alcuni anni.

Per simulare l'esame di certificazione vero e proprio ho anche progettato un libro di simulazioni chiamato **Web Development Essentials Practice Exams**, un'altra risorsa di tipo *LPI Publishing Partner* del Linux Professional Institute. Contiene quattro esami pratici e un test di ingresso per un totale di 170 domande e risposte. Ogni esame segue la struttura di un esame reale e contiene 40 domande suddivise, secondo un meccanismo di pesatura, tra tutti gli argomenti d'esame. Questo libro può essere visto come la naturale continuazione di quello che ti stai accingendo a leggere, tuttavia focalizzato sulla parte di simulazioni che ti consentirà di consolidare le nozioni teoriche precedentemente apprese in vista dell'esame finale.

Quando ti troverai di fronte all'esame vero e proprio, prima di rispondere alle domande, leggile attentamente e prenditi tutto il tempo necessario; la prima risposta non sempre è quella giusta e molte volte le domande possono nascondere qualche piccolo trabocchetto. Tuttavia, se hai studiato e hai svolto le simulazioni non dovresti avere problemi a superare l'esame di certificazione. Quindi...

Buona fortuna!!!

# Le basi dello sviluppo web

## Il codice sorgente

Con il termine *codice sorgente* si intende la descrizione testuale di una serie di istruzioni che un computer deve eseguire. Viene solitamente scritto da uno sviluppatore utilizzando un determinato linguaggio di programmazione caratterizzato da una specifica sintassi, costrutti particolari, parole chiave ed estensione di file.

Ecco alcuni tra i più popolari linguaggi di programmazione:

- C
- C++
- C#
- COBOL
- Java
- JavaScript
- PHP
- Python
- Visual Basic 6

Per scrivere il codice sorgente di una applicazione web non servono programmi speciali; è sufficiente un semplice editor di testo come **Notepad**. Esistono, in realtà, editor di testo più sofisticati il cui scopo è semplificare la vita del programmatore, come ad esempio **Visual Studio Code** che incorpora funzionalità aggiuntive di debug, controllo delle versioni e completamento del codice. Altri editor di testo abbastanza comuni sono **Notepad++**, **Brackets**, **Komodo Edit** e **Sublime Text**.

Esistono poi ambienti di sviluppo più completi che includono in un unico programma un editor di testo e altri strumenti più o meno complessi che facilitano la creazione e il mantenimento di una applicazione durante l'intero processo di sviluppo software. Si chiamano **IDE** (*Integrated Desktop Environments*) e consentono di migliorare l'efficienza produttiva di uno sviluppatore (risparmiare tempo e ridurre gli errori) grazie a strumenti che consentono la modifica del codice sorgente (ad esempio, evidenziazione della sintassi con suggerimenti visivi, completamento automatico e identificazione degli errori durante la scrittura), l'automazione dello sviluppo (ad esempio, esecuzione di test automatizzati, compilazione del codice sorgente in codice binario e *packaging* del codice binario) e il debug del codice per identificare eventuali bug. Alcuni esempi sono: **Visual Studio**, **Eclipse**, **Xcode**, **NetBeans**, **Lazarus** e **Komodo IDE**.

Per gestire e tenere traccia delle modifiche al codice sorgente, è possibile utilizzare un sistema per il controllo delle versioni (VCS - *Version Control System*). È uno strumento indispensabile nel caso in cui più attori siano coinvolti nella scrittura del codice sorgente e nel caso in cui siano richieste continue modifiche per capire chi ha cambiato cosa e per poter ripristinare, in caso di problemi, vecchie versioni di codice, precedentemente funzionanti. Ogni programmatore lavora su una copia locale del codice sorgente sviluppando funzionalità che, una volta testate, possono essere incorporate dagli altri membri del team di sviluppo. Ciò migliora l'efficienza lavorativa riducendo significativamente i tempi di programmazione. **Git**, originariamente sviluppato nel 2005 da Linus Torvalds, è il sistema per il controllo delle versioni più utilizzato a livello globale. **Mercurial** e **Subversion** sono altri due VCS molto popolari.

Se un team di sviluppo è molto numeroso e distribuito, per mantenere il codice sorgente in genere ci si affida a soluzioni basate su cloud. Il codice sorgente dei diversi progetti viene quindi archiviato in repository online che spesso forniscono un VCS in modo da tener traccia delle modifiche apportate al codice. Tra questi i più famosi sono **GitHub**, **GitLab**, **Bitbucket** e **Savannah** che consentono agli sviluppatori di archiviare, monitorare, testare e distribuire il loro codice.

Il codice sorgente deve essere ben strutturato, facilmente comprensibile e organizzato logicamente. Per essere eseguito da un computer, le istruzioni in esso contenute devono essere tradotte in linguaggio macchina. Il modo in cui avviene questa traduzione dipende dal fatto che il linguaggio di programmazione utilizzato possa essere un *linguaggio compilato* o un *linguaggio interpretato*. Un linguaggio compilato è un linguaggio di programmazione in cui il codice sorgente viene tradotto in linguaggio macchina prima dell'esecuzione del programma, mentre un linguaggio interpretato è un linguaggio di programmazione in cui il codice sorgente viene tradotto in linguaggio macchina durante l'esecuzione del programma. Un programma scritto in un linguaggio compilato di solito funziona solo sulla piattaforma per cui è stato compilato, mentre un programma scritto in un linguaggio interpretato funziona su ogni macchina e sistema operativo. Poiché la traduzione da codice sorgente a linguaggio macchina avviene ogni volta che il programma viene eseguito, un programma scritto in un linguaggio interpretato di solito viene eseguito più lentamente dello stesso programma scritto in un linguaggio compilato. La seguente tabella riassume le differenze più importanti tra linguaggi compilati e interpretati.

| Linguaggi compilati | Linguaggi interpretati |
|---|---|
| Il codice sorgente viene convertito in linguaggio macchina prima della sua esecuzione - la conversione genera un file binario immutabile che deve poi essere eseguito | Il codice sorgente viene convertito in linguaggio macchina durante la sua esecuzione - questo accade ogni volta che viene eseguito |

| | |
|---|---|
| L'esecuzione del codice sorgente richiede due passaggi separati: conversione ed esecuzione | L'esecuzione del codice sorgente richiede un solo passaggio |
| Il programma può essere eseguito solo su macchine e sistemi operativi specifici (quelli per cui è stato compilato) | Il programma funziona su ogni macchina e sistema operativo (non dipende dalla piattaforma) |
| L'esecuzione è più veloce | L'esecuzione è più lenta |

**C**, **C++** e **C#** sono esempi di linguaggi compilati, mentre **JavaScript**, **Python**, **Perl** e **PHP** sono esempi di linguaggi interpretati.

Una menzione speciale va a **Java**, un linguaggio di programmazione che può essere considerato sia un linguaggio compilato sia interpretato. Il suo codice sorgente viene, infatti, compilato in un linguaggio intermedio - *Bytecode* - che viene poi tradotto in linguaggio macchina grazie a un interprete, ovvero la *Java Virtual Machine*. Questo consente di avere file di piccole dimensioni e di eseguire programmi compilati scritti in Java su diversi sistemi operativi.

# Architettura client-server

Il modello *client-server* è una delle architetture di rete più comuni. È un modello di comunicazione in cui un *client* richiede e utilizza servizi forniti da un *server*, che riceve le richieste del client, le elabora e fornisce una risposta. Secondo questo modello, client e server sono *computer* o *applicazioni* e un server deve essere in grado di gestire simultaneamente più di una richiesta alla volta, servendo così uno o più client. Quando parliamo di applicazioni normalmente ci riferiamo a un programma client o server a seconda del ruolo svolto dall'applicazione. L'applicazione client fornisce l'interfaccia all'utente, gestendone l'interazione, mentre l'applicazione server esegue varie operazioni tra cui l'elaborazione delle richieste dell'applicazione client, la gestione della logica e della sicurezza dell'applicazione e l'interazione con un database. Normalmente il termine client o server viene utilizzato anche per identificare il computer fisico che ospita l'applicazione client o server. Un computer fisico all'interno di una rete può quindi svolgere entrambi i ruoli, a seconda che invii o riceva richieste di servizi e risorse. Le regole in base alle quali avviene la comunicazione tra client e server vengono definite da protocolli che devono essere comprensibili da entrambe le parti.

Le *applicazioni web* o *app web* sono un tipico esempio di programmi client-server. Un'applicazione web è un software applicativo sviluppato tramite tecnologie web e linguaggi specifici, distribuito sul *World Wide Web* e accessibile tramite un *browser web* (ad esempio **Google Chrome**, **Safari**, **Microsoft Edge** e **Mozilla Firefox**). È multipiattaforma e indipendente dal sistema operativo su cui viene utilizzata e, solitamente, funziona allo stesso modo su qualsiasi tipo di browser aggiornato. Un'applicazione web non ha bisogno di essere installata e l'accesso alle risorse locali (ad esempio lo spazio di archiviazione, la telecamera o il microfono) è mediato dal browser utilizzato per eseguirla (è richiesta l'autorizzazione dell'utente).

Il codice di un'applicazione web è diviso in due componenti: una *lato client* che fornisce un'interfaccia per il client che effettua le richieste e una *lato server* che elabora e risponde a tali richieste. Il termine *sviluppo front-end* si riferisce alla creazione di quella parte di codice di un'applicazione web che definisce l'interfaccia visualizzata dagli utenti e con cui interagiscono, ovvero la parte *front-end* dell'applicazione che viene visualizzata lato client. Il termine *sviluppo back-end* si riferisce invece alla creazione di quella parte di codice di un'applicazione web che riguarda la realizzazione e la manutenzione di tutti i componenti lato server con cui gli utenti non interagiscono direttamente, ovvero la parte *back-end* dell'applicazione che coinvolge tutte le attività che si verificano ogni giorno *dietro le quinte* quando un utente esegue un'azione specifica (ad esempio l'integrazione con un database, la gestione della logica applicativa e lo sviluppo di API - *Application Programming Interface*). Infine, il termine *sviluppo full stack* si riferisce alla creazione di entrambe le componenti di codice, vale a dire sia la parte front-end sia quella back-end, e comprende la progettazione, lo sviluppo, il test e il *deploy* di un'applicazione web completa e funzionale.

I tre principali linguaggi utilizzati per lo sviluppo front-end sono:

- **HTML** (HyperText Markup Language): viene utilizzato per definire la struttura e il contenuto di un'applicazione web

- **CSS** (Cascading Style Sheets): viene utilizzato per definire stili che possano rendere le applicazioni web più accattivanti dal punto di vista grafico

- **JavaScript**: viene utilizzato per rendere dinamiche le applicazioni web consentendo agli utenti di interagire con esse

Ulteriori conoscenze sullo sviluppo front-end riguardano framework e librerie particolari come **React.js**, **AngularJS**, **jQuery** e **Bootstrap**.

Alcuni linguaggi di programmazione utili invece per lo sviluppo back-end sono: **Python**, **PHP**, **Ruby**, **Java**, **C#** e **JavaScript** stesso.

Chi si occupa dello sviluppo front-end di un'applicazione web è chiamato *sviluppatore front-end*, mentre chi si occupa della programmazione back-end è chiamato *sviluppatore back-end*. Uno sviluppatore in grado di progettare applicazioni web complete e funzionali è chiamato *sviluppatore full stack*, un professionista che ha conoscenze tecniche di entrambi i ruoli ed è in grado di curare tutti gli aspetti di progetto. In ambito lavorativo è necessario che ogni sviluppatore che prende parte a un progetto abbia almeno delle conoscenze di base in ogni ambito, sia front-end sia back-end: un programmatore deve essere a conoscenza di come poter realizzare applicazioni web sia dal punto di vista strutturale e visuale sia dal punto di vista dell'interazione con l'utente e inoltre deve essere in grado di comprendere la logica di funzionamento di una applicazione, soprattutto per quanto riguarda l'eventuale interazione con un database, sia *relazionale* sia *non relazionale*.

Un *database relazionale* è un tipo di database basato sul modello relazionale dei dati in cui i dati sono organizzati in tabelle che possono essere collegate tra loro in base a dati comuni, mentre un *database non relazionale* è un tipo di database meno strutturato in cui le informazioni da archiviare non possono essere raccolte in tabelle e non è possibile definire relazioni tra di esse (il modello di archiviazione dipende dall'applicazione web e dai dati da salvare - ad esempio le informazioni possono essere archiviate come coppie chiave-valore). I database relazionali sono anche chiamati *database SQL* poiché i dati che contengono possono essere gestiti utilizzando il linguaggio di interrogazione **SQL** (acronimo di *Structured Query Language*), mentre i database non relazionali sono anche chiamati *database NoSQL*. **SQLite**, **MariaDB**, **MySQL**, **PostgreSQL** e **Microsoft SQL Server** sono database relazionali molto popolari. Invece, **MongoDB**, **CouchDB**, **Redis** e **Cassandra** sono database non relazionali piuttosto comuni.

Quando si sviluppano applicazioni web, alcuni degli aspetti a cui prestare attenzione sono sicuramente la sicurezza e la *user experience* che, nel caso di app mal progettate, non è sempre ottimale. Anche le prestazioni dei client sono da tenere molto in considerazione e bisogna assicurarsi che non ci sia alcun degrado, specialmente per le applicazioni web ad alta intensità di calcolo (che richiedono molta CPU). Per velocizzare le app web, gli sviluppatori possono utilizzare *WebAssembly*, abbreviato in *Wasm*, un formato di istruzioni binarie per una macchina virtuale basata su stack. È progettato come target di compilazione portabile per i linguaggi di programmazione (target di compilazione per il web), consentendo il deploy sul web di applicazioni client e server. Il codice compilato può essere quindi utilizzato ed eseguito nei browser web, offrendo prestazioni migliori per le app web. Non essendo vincolati a uno specifico linguaggio di programmazione, gli sviluppatori possono scrivere il loro codice nel linguaggio di programmazione che preferiscono (ad esempio Ruby, C++ o Python) e ottenere il codice Wasm che viene quindi eseguito in qualsiasi browser web. In questo modo, il codice viene eseguito molto più velocemente del semplice JavaScript, poiché in genere sono necessarie meno traduzioni di istruzioni. WebAssembly è supportato dalla maggior parte dei browser senza la necessità di utilizzare plugin di terze parti.

Finora abbiamo parlato di applicazioni web, ma vale la pena menzionare anche un altro tipo di applicazioni: le *applicazioni native* o *app native*. Sebbene il funzionamento sia molto simile a quello delle applicazioni web, presentano alcune importanti differenze. Le applicazioni native sono, infatti, progettate per una piattaforma specifica, vengono scaricate e installate tramite un *app store* e funzionano sul dispositivo su cui vengono scaricate e installate. Sono inoltre normalmente più veloci delle corrispondenti applicazioni web, hanno funzionalità aggiuntive (dal momento che hanno accesso alle risorse di sistema come GPS, microfono e fotocamera) e sono generalmente più sicure poiché possono sfruttare le funzionalità di sicurezza del dispositivo su cui sono installate (ad esempio il lettore di impronte digitali o sistemi per il riconoscimento facciale). Tuttavia, le applicazioni native sono normalmente più complesse da gestire e aggiornare. Le *app mobili native* o semplicemente *app mobili* sono un tipo di applicazioni native sviluppate appositamente per dispositivi mobili. La seguente tabella riassume le principali differenze tra app web e app native.

| App Web | App native |
|---|---|
| Non sono native per una specifica piattaforma | Sono progettate per una specifica piattaforma |
| Non devono essere scaricate e installate | Vengono scaricate e installate tramite un app store |
| Sono accessibili tramite il browser web | Funzionano sul dispositivo su cui vengono scaricate e installate |
| Sono normalmente più facili da creare, gestire e aggiornare | Sono normalmente più complesse da creare, gestire e aggiornare |

| Richiedono una connessione Internet | Alcune app native possono funzionare offline |
| --- | --- |
| Di solito hanno prestazioni peggiori (più lente e meno reattive) | Di solito hanno prestazioni migliori (più veloci e più reattive) |

Infine, i progressi tecnologici dei browser web hanno portato allo sviluppo delle cosiddette *Progressive Web App* (PWA), un incrocio tra app web e app native. Le PWA sono, infatti, applicazioni web create con tecnologie web comuni (HTML, CSS e JavaScript) che però sembrano e si comportano come app native. Possono essere eseguite su qualsiasi piattaforma e dispositivo (desktop e mobile) con un browser conforme agli standard da un'unica base di codice e possono anche offrire molte funzionalità aggiuntive come ad esempio maggiore velocità, notifiche push e la possibilità di lavorare offline ed essere accessibili dalla schermata iniziale (la schermata home). La pubblicazione dell'app in uno store è facoltativa. Combinando le principali caratteristiche delle applicazioni web e delle applicazioni native, le PWA sono leggere, veloci, sicure, affidabili, sempre aggiornate (visualizzano automaticamente la versione più recente) e in grado di adattarsi alle varie dimensioni dello schermo, migliorando le prestazioni e la *user experience*. Di contro, però non tutti i dispositivi supportano le PWA e tutte le loro funzionalità, consumano più batteria e il supporto per l'esecuzione offline è tuttavia limitato così come il numero di funzionalità aggiuntive (sono meno rispetto a quelle delle app native).

# Il protocollo HTTP

Il protocollo HTTP, acronimo di *HyperText Transfer Protocol*, è un protocollo a livello applicativo creato per la comunicazione tra client e server sul web, le cui specifiche sono definite dal *World Wide Web Consortium* (W3C). Inizialmente progettato per la comunicazione tra browser e server web, il protocollo HTTP è ciò che ci consente di visualizzare le risorse di un sito web ogni volta che viene visitato. Ogni comunicazione tra client e server sul web inizia con una *richiesta HTTP*, un messaggio generato dal client in un formato specifico. Il server, generalmente in ascolto sulla porta TCP 80, riceve la richiesta, la elabora e invia una *risposta HTTP* al client, eventualmente seguita dalla risorsa richiesta. Nel corso degli anni il protocollo HTTP è stato progressivamente migliorato per stare al passo con l'evoluzione del web e ogni nuova versione fornisce funzionalità aggiuntive per migliorare prestazioni, sicurezza e usabilità. Le ultime versioni sono la 2 e la 3, anche se la versione più utilizzata è ancora la 1.1 (i protocolli HTTP/1.1 e HTTP/2 sono i più comuni, mentre HTTP/3 non è ancora ben supportato da tutti i browser ed è utilizzato solo da una piccola parte di siti web). HTTP/1.1 è un protocollo basato su testo, mentre HTTP/2 e HTTP/3 sono protocolli binari. Il protocollo HTTPS, acronimo di *HyperText Transfer Protocol Secure*, è la versione sicura di HTTP che utilizza il protocollo di crittografia TLS - *Transport Layer Security* - per crittografare le comunicazioni. HTTPS utilizza la porta TCP 443 per impostazione predefinita anziché la porta TCP 80 utilizzata da HTTP. Per visualizzare e analizzare i messaggi HTTP scambiati durante la comunicazione tra client e server, i browser web in genere forniscono una serie di strumenti integrati che aiutano lo sviluppatore nelle operazioni di diagnostica (ad esempio i *Chrome DevTools*).

# Il messaggio di richiesta HTTP

Una richiesta HTTP è un messaggio inviato da un client per avviare la comunicazione con un server. Una richiesta HTTP/1.1 è composta da:

- Una riga di richiesta

- Una serie di intestazioni (*header*) di richiesta HTTP (opzionale)

- Una riga vuota

- Il corpo della richiesta (opzionale)

Come si può notare, una richiesta HTTP segue un formato ben preciso ed è utilizzata per comunicare al server tutte le informazioni sulla risorsa che si sta richiedendo. Analizziamo ora ogni singola componente in dettaglio.

La riga di richiesta è la prima riga del messaggio ed è composta da:

- **Metodo HTTP**: indica l'operazione da eseguire sul server, ovvero come il client intende interagire con la risorsa. I metodi più comuni sono elencati nella tabella qui sotto.

| Metodo | Descrizione |
|:---:|:---|
| GET | Viene utilizzato per recuperare una risorsa dal server (ad esempio visitando una pagina) |
| POST | Viene utilizzato per inviare una risorsa al server (ad esempio compilando un modulo) |
| DELETE | Viene utilizzato per eliminare una risorsa dal server (ad esempio eliminando un file) |
| PUT | Viene utilizzato per memorizzare una risorsa sul server (ad esempio caricando un file) |
| HEAD | Viene utilizzato per recuperare solo l'header della risposta senza la risorsa |

Molti browser, tuttavia, supportano solo GET e POST. Le differenze tra questi due metodi sono illustrate nella tabella sotto riportata.

| GET | POST |
|---|---|
| Viene utilizzato per recuperare dati dal server | Viene utilizzato per inviare dati al server |
| Le richieste includono tutti i dati in chiaro nell'URL | Le richieste includono tutti i dati nel corpo del messaggio |
| Esistono limitazioni sulla lunghezza dei dati da inviare | Non ci sono limitazioni sulla lunghezza dei dati da inviare |
| Le richieste possono essere memorizzate nella cache | Le richieste non possono essere memorizzate nella cache |
| Le richieste rimangono nella cronologia del browser | Le richieste non rimangono nella cronologia del browser |
| Le richieste possono essere aggiunte ai preferiti | Le richieste non possono essere aggiunte ai preferiti |
| Le richieste non dovrebbero mai essere utilizzate per inviare password o dati sensibili | Le richieste possono essere utilizzate per inviare password o dati sensibili |

- **URI (*Uniform Resource Identifier*)**: è una stringa di caratteri che identifica in modo univoco la risorsa. Di solito è un URL (*Uniform Resource Locator*), ovvero un URI che identifica una risorsa su Internet, fornendo anche i mezzi per agire su di essa o per ottenerne una rappresentazione, descrivendone il meccanismo di accesso primario e la posizione di rete (ad esempio una pagina web, un'immagine o un documento). Un URL ha una sintassi specifica, che include:

  o Schema: è il protocollo utilizzato dal browser per accedere alla risorsa

  o Dominio: è il server (un nome di dominio o un indirizzo IP) su cui si trova la risorsa, separato dallo schema da ://

  o Porta: è la porta del protocollo utilizzata per accedere alla risorsa, separata dal dominio da : (se omessa, viene utilizzata la porta predefinita del protocollo)

  o Percorso: è il percorso della risorsa sul server

  o Query String: è la parte dell'URL utilizzata per inviare informazioni aggiuntive al server sotto forma di coppie chiave-valore separate tra loro da & e separate dal percorso da ?

  o Frammento di URL (*URL Fragment* o *URL Anchor*): è un riferimento interno che rappresenta una parte specifica della risorsa che inizia con un # ed è seguito dall'identificativo della parte di risorsa a cui fa riferimento

  Il gruppo costituito dal *dominio* e dalla *porta* (se presente) è anche chiamato *Authority*. Un esempio di URL è mostrato qui sotto:

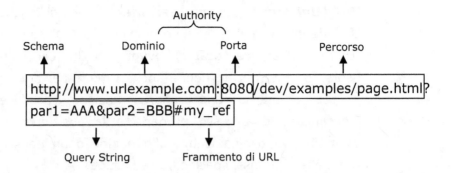

- **Versione HTTP**: specifica la versione del protocollo HTTP utilizzato

In HTTP/2 e HTTP/3 la riga di richiesta è stata sostituita da diversi campi (*pseudo-header*), ognuno dei quali inizia con due punti. Questa specifica è un'alternativa alla sintassi del messaggio HTTP/1.1, ma non la rende obsoleta.

In un messaggio di richiesta, la riga di richiesta è seguita dagli header HTTP che sono una serie di campi utilizzati per specificare informazioni aggiuntive sulla richiesta (coppie di nomi senza distinzione tra maiuscole e minuscole e valori separati da due punti in chiaro), scambiati durante la comunicazione e solitamente invisibili all'utente finale. La seguente tabella mostra alcuni dei campi di header più comuni per una richiesta HTTP/1.1.

| Campo | Descrizione |
|---|---|
| Accept | Viene utilizzato per indicare al server il formato della risorsa richiesta, ovvero i tipi di contenuto, espressi come tipi MIME, che il client accetta per la risposta secondo la sintassi: *MIME_type/MIME_subtype* (per indicare qualsiasi tipo o sottotipo MIME si può utilizzare un asterisco) - ad esempio Accept: text/html |

| Accept-Charset | Viene utilizzato per specificare il set di caratteri accettato dal client - ad esempio Accept-Charset: utf-8 |
|---|---|
| Accept-Language | Viene utilizzato per specificare la lingua per la risposta, ovvero la lingua supportata dal client - ad esempio Accept-Language: en-US |
| Content-Length | Viene utilizzato per specificare la lunghezza del corpo della richiesta in byte - ad esempio Content-Length: 473 |
| Content-Type | Viene utilizzato per specificare il formato del corpo della richiesta - ad esempio Content-Type: application/x-www-form-urlencoded |
| Cookie | Viene utilizzato per specificare il cookie che il server ha precedentemente inviato al client - ad esempio Cookie: my_cookie=abc; |
| Host | Viene utilizzato per specificare l'host e il numero di porta del server a cui viene richiesta la risorsa (se non viene inclusa alcuna porta, si ipotizza sia la porta predefinita per il servizio richiesto) - identifica un sito web specifico nel caso in cui un server HTTP ne ospiti più di uno (ogni host è un *host virtuale*) - ad esempio Host: myhost.com - se la richiesta viene generata direttamente in HTTP/2 o HTTP/3, il campo *Host* non dovrebbe essere utilizzato; al suo posto i client dovrebbero invece utilizzare il campo *:authority* (pseudo-header) |

| Date | Viene utilizzato per specificare la data e l'ora in cui è stato creato il messaggio - ad esempio Date: Sat, 16 Dec 2023 09:13:20 GMT |
|------|------|
| Expect | Viene utilizzato per specificare che il client richiede un particolare comportamento del server per gestire correttamente la richiesta - ad esempio Expect: 100-continue |
| User-Agent | Viene utilizzato per specificare quale applicazione sta effettuando la richiesta - ad esempio User-Agent: Chrome/5.0 (Windows 10) |

Ogni header HTTP è seguito da un ritorno a capo con avanzamento di riga (*Carriage Return Line Feed* - CRLF), e una riga vuota viene inserita dopo l'ultimo header HTTP per separare le intestazioni dal corpo della richiesta che trasporta i dati dal client al server. Il corpo della richiesta, chiamato anche *corpo del messaggio di richiesta*, è facoltativo e dipende dal tipo di metodo utilizzato. Ad esempio, una richiesta POST che invia informazioni al server avrà un corpo del messaggio contenente dei dati, ma una richiesta GET che recupera solamente una risorsa specifica dal server non avrà alcun corpo del messaggio.

Questa è una semplice richiesta HTTP GET:

```
GET /blog/simple-example-get-request.html HTTP/1.1
Host: www.mysiteexample.com
Accept: text/html
User-agent: Chrome/5.0 (Windows 10)
Accept-Language: en-US
```

E questa è una semplice richiesta HTTP POST:

```
POST /blog/test-for-post-request HTTP/1.1
Host: www.mysiteexample.com
Content-Type: application/x-www-form-urlencoded
Content-Length: 21


field1=foo&field2=bar
```

Se si utilizza *multipart/form-data* come *Content-Type* anziché *application/x-www-form-urlencoded*, ogni campo inserito nel corpo della richiesta deve essere separato da un codice specificato dalla parola chiave *boundary* (è adatto per dati binari). Un esempio è il seguente:

```
POST /blog/test-2-for-post-request HTTP/1.1
Host: www.mysiteexample.com
Content-Type: multipart/form-data;boundary="abc123"


--abc123
Content-Disposition: form-data; name="field1"


foo
--abc123
Content-Disposition: form-data; name="field2"; filename="myfile.txt"


bar
--abc123--
```

# Il messaggio di risposta HTTP

Una risposta HTTP è un messaggio inviato dal server dopo aver ricevuto ed elaborato una richiesta HTTP. Viene utilizzata per fornire al client la risorsa richiesta o per informare il client che si è verificato un errore o che è stata eseguita un'azione specifica.

Una risposta HTTP/1.1 segue lo stesso formato di una richiesta HTTP/1.1 ed è composta da:

- Una riga di risposta

- Una serie di intestazioni (header) di risposta HTTP (opzionale)

- Una riga vuota

- Il corpo della risposta (opzionale)

Analizziamo ora in dettaglio ogni singola componente. La riga di risposta è la prima riga del messaggio ed è composta da:

- **Versione HTTP**: è la versione del protocollo HTTP a cui il server ha cercato di rendere conforme il messaggio

- **Codice di stato HTTP (HTTP Status Code)**: è un codice numerico a tre cifre utilizzato per indicare al client come il server ha interpretato e gestito la richiesta. La prima cifra definisce la classe di risposta (ce ne sono cinque), mentre le altre due cifre specificano il tipo di risposta in una data classe. Maggiori dettagli sono riportati nella tabella sottostante.

| Classe | Tipo | Descrizione |
|--------|------|-------------|
| 1xx | Codici informativi | Questi codici vengono utilizzati per indicare che la richiesta è stata ricevuta e compresa e che il processo continua |
| 2xx | Codici di successo | Questi codici vengono utilizzati per indicare che la richiesta ha avuto successo |

| 3xx | Codici di reindirizzamento | Questi codici vengono utilizzati per indicare che il client può intraprendere azioni aggiuntive per completare la richiesta |
|---|---|---|
| 4xx | Codici di errore del client | Questi codici vengono utilizzati per indicare che la richiesta non può essere soddisfatta a causa di un errore del client |
| 5xx | Codici di errore del server | Questi codici vengono utilizzati per indicare che il server ha riscontrato un errore e non può elaborare una richiesta valida |

- **Risposta Testuale (HTTP Reason Phrase)**: è un testo che specifica il significato del codice di stato. La tabella sotto riportata mostra i codici di stato più comuni, la *reason phrase* associata e la loro descrizione.

| Status Code | Reason Phrase | Descrizione |
|---|---|---|
| 100 | Continue | Il server ha ricevuto la parte iniziale della richiesta e il client deve ora continuare con la richiesta o ignorare la risposta se la richiesta è già terminata |
| 101 | Switching Protocols | Il server specifica a quale protocollo sta passando |

| 200 | OK | La richiesta è andata a buon fine |
|-----|-----|-----------------------------------|
| 201 | Created | La richiesta è andata a buon fine ed è stata soddisfatta creando una nuova risorsa |
| 202 | Accepted | La richiesta è stata accettata, ma l'elaborazione non è ancora terminata - quando avviene l'elaborazione, la richiesta potrebbe non essere completata |
| 204 | No Content | La richiesta è stata accettata, ma non ci sono contenuti disponibili per questa richiesta |
| 205 | Reset Content | Il client dovrebbe resettare la visualizzazione del contenuto della finestra o della pagina |
| 206 | Partial Content | La richiesta è andata a buon fine e il corpo del messaggio contiene la parte richiesta della risorsa |
| 300 | Multiple Choices | La richiesta ha più di una risposta possibile e il client può scegliere tra di esse - se il server ha una scelta preferita, dovrebbe indicarla nell'header *Location* |

| 301 | Moved Permanently | Alla risorsa richiesta è stato assegnato un nuovo URL permanente specificato dall'header *Location* - il browser effettua un reindirizzamento al nuovo URL e i motori di ricerca aggiornano i loro link verso la risorsa |
|---|---|---|
| 302 | Found | Alla risorsa richiesta è stato assegnato temporaneamente un nuovo URL specificato dall'header *Location*: il browser effettua un reindirizzamento al nuovo URL, ma i motori di ricerca non aggiornano i loro link verso la risorsa |
| 303 | See Other | Il reindirizzamento specificato nell'header *Location* non porta direttamente alla risorsa richiesta, ma a una pagina alternativa in cui il client può ottenere tale risorsa - il metodo HTTP utilizzato per visualizzare la nuova pagina è sempre GET |
| 304 | Not Modified | La risposta non è stata modificata e il client può continuare a utilizzare la sua versione memorizzata nella cache |
| 307 | Temporary Redirect | Alla risorsa richiesta è stato assegnato temporaneamente un nuovo URL specificato dall'header *Location* - il metodo HTTP e il corpo del messaggio non vengono modificati quando viene effettuata la nuova richiesta |

| 308 | Permanent Redirect | Alla risorsa richiesta è stato assegnato un nuovo URL permanente specificato dall'header *Location* - il metodo HTTP e il corpo del messaggio non vengono modificati quando viene effettuata la nuova richiesta |
|-----|----|----|
| 400 | Bad Request | Il server non riesce a comprendere la richiesta a causa di un errore del client (ad esempio sintassi non valida) |
| 401 | Unauthorized | Il server non può soddisfare la richiesta del client a causa della mancanza di credenziali di autenticazione valide per la risorsa richiesta |
| 403 | Forbidden | Il server non può soddisfare la richiesta poiché il client non ha i diritti per accedere alla risorsa |
| 404 | Not Found | Il server non riesce a trovare la risorsa richiesta - questa potrebbe essere disponibile in futuro |
| 408 | Request Timeout | La richiesta del client ha superato il tempo massimo che il server era disposto ad attendere - il server ha pertanto deciso di chiudere la connessione |

| 410 | Gone | Il server non riesce a trovare la risorsa richiesta - l'accesso non è più disponibile e la condizione sembra essere permanente |
|-----|------|--------------------------------------------------------------------------------------------------------------------------------|
| 500 | Internal Server Error | Il server ha riscontrato una situazione imprevista che gli ha impedito di soddisfare la richiesta (errore generico del server) |
| 501 | Not Implemented | Il server non può gestire la richiesta poiché non supporta la funzionalità specifica necessaria per soddisfarla |
| 502 | Bad Gateway | Il server ha ricevuto una risposta non valida da un altro server mentre funzionava come *gateway* o *proxy* |
| 503 | Service Unavailable | Il server non è attualmente pronto per gestire la richiesta |
| 504 | Gateway Timeout | Il server non ha ricevuto alcuna risposta nel tempo prefissato da un altro server mentre funzionava come *gateway* o *proxy* |
| 505 | HTTP Version Not Supported | La versione del protocollo HTTP utilizzata nella richiesta non è supportata dal server |

In HTTP/2 e HTTP/3 la riga di risposta è stata sostituita da diversi campi (*pseudo-header*), ognuno dei quali inizia con due punti. Come visto in precedenza, questa specifica è un'alternativa alla sintassi del messaggio HTTP/1.1, ma non la rende obsoleta.

In un messaggio di risposta, la riga di risposta è poi seguita dagli header HTTP, una serie di campi utilizzati per specificare informazioni aggiuntive sulla risposta (la sintassi è la stessa utilizzata per i messaggi di richiesta). I campi più comuni per una risposta HTTP/1.1 sono mostrati nella tabella sottostante.

| Campo | Descrizione |
|---|---|
| Content-Length | Viene utilizzato per specificare la lunghezza del corpo della risposta in byte - ad esempio Content-Length: 473 |
| Content-Type | Viene utilizzato per specificare il formato del corpo della risposta - ad esempio Content-Type: text/html |
| Date | Viene utilizzato per specificare la data e l'ora in cui è stato creato il messaggio - ad esempio Date: Sat, 16 Dec 2023 09:13:20 GMT |
| Etag | Viene utilizzato per specificare un identificativo per una particolare versione della risorsa richiesta - è utile per la convalida della cache, in modo che un client che richiede la stessa risorsa più volte scarichi tale risorsa dal server solo se è effettivamente cambiata e la risorsa memorizzata nella cache deve essere aggiornata - il campo Etag della risorsa richiesta avrà un valore diverso da quello della versione memorizzata nella cache - ad esempio ETag: "5469080ac6b173d8af4a216ff1156823" |

| Expires | Viene utilizzato per specificare la data e l'ora dopo le quali la risposta viene considerata obsoleta - ad esempio Expires: Sat, 16 Dec 2023 09:13:20 GMT |
|---|---|
| Last-Modified | Viene utilizzato per specificare la data dell'ultima modifica della risorsa richiesta - ad esempio Expires: Sat, 16 Dec 2023 09:13:20 GMT |
| Location | Viene utilizzato nelle operazioni di reindirizzamento per indicare al browser di caricare una pagina web diversa da quella richiesta o per fornire informazioni sulla posizione di una risorsa appena creata - ad esempio Location: /pub/WWW/redirect.html |
| Server | Viene utilizzato per specificare il server web che ha generato la risposta (i server web più comuni sono Nginx, Apache HTTP Server e Microsoft IIS) - ad esempio Server: nginx/1.21.0 |
| Set-Cookie | Viene utilizzato per inviare un cookie al client (è possibile utilizzare più campi *Set-Cookie* per inviare cookie diversi allo stesso client) - ad esempio Set-Cookie: my_cookie=abc |

Nei messaggi di risposta ogni header HTTP è seguito da un ritorno a capo con avanzamento di riga (*Carriage Return Line Feed* - CRLF), e una riga vuota viene inserita dopo l'ultimo header HTTP per separare le intestazioni dal corpo della risposta che trasporta i dati dal server al client. Il corpo della risposta, chiamato anche *corpo del messaggio di risposta*, è opzionale ed è presente nella maggior parte delle risposte. Se la richiesta è andata a buon fine, può contenere la risorsa o alcune informazioni sullo stato dell'azione richiesta dal client; in caso contrario può invece contenere dettagli sull'errore o sulle azioni che il client deve intraprendere per completare correttamente la richiesta.

Questo è un esempio di risposta HTTP nel caso in cui la richiesta sia andata a buon fine:

```
HTTP/1.1 200 OK
Date: Sun, 13 Aug 2023 18:12:21 GMT
Server: Apache/2.2.14 (Win32)
Last Modified: Sun, 06 Aug 2023 18:00:11 GMT
Content-Length: 150
Content-Type: text/html; charset=UTF-8

<!DOCTYPE html>
<html>
   <head>
      <title> Pagina di Test </title>
   </head>
   <body>
      <p> Hello World </p>
   </body>
</html>
```

E questo è un esempio di risposta HTTP nel caso in cui la richiesta non abbia avuto successo:

```
HTTP/1.1 404 Not Found
Date: Sun, 13 Aug 2023 18:16:26 GMT
Server: Apache/2.2.14 (Win32)
Content-Type: text/html
Content-Length: 213

<!DOCTYPE html>
<html>
```

```
<head>
  <title> 404 Not Found </title>
</head>
<body>
  <h1> 404 Not Found </h1>
  <hr>
  <p> Apache/2.2.14 (Win32) </p>
</body>
</html>
```

# HTTP e cookie

I cookie HTTP, noti anche come *cookie web* o *cookie del browser*, sono piccoli file di dati che vengono salvati sul computer dai siti web visitati da un utente. I cookie vengono utilizzati per molti scopi, tra cui:

- Gestione delle sessioni: vengono utilizzati per salvare informazioni di accesso, informazioni sui prodotti e altre informazioni di stato per gli utenti attualmente connessi al server - sono quindi utili per preservare le sessioni HTTP senza che sia necessario autenticarsi ogni volta che viene effettuata una richiesta al server

- Personalizzazione: vengono utilizzati per identificare gli utenti e salvare le loro preferenze e altre impostazioni - lo scopo è quindi quello di migliorare la *user experience*

- Tracciamento: vengono utilizzati per registrare le abitudini di navigazione degli utenti e analizzare il loro comportamento

Se da un certo punto di vista i cookie possono essere considerati benigni e utili, dall'altro possono essere visti come pericolosi o addirittura dannosi poiché le informazioni in essi salvate (indirizzo IP, posizione geografica, acquisti, visualizzazioni di prodotti, azioni sul browser e così via) possono essere utilizzate per attività di marketing mirate, ad esempio per mostrare annunci pubblicitari a utenti che potrebbero essere potenziali nuovi clienti.

Inoltre, i cookie possono introdurre potenziali problemi di sicurezza e privacy per un client se un aggressore ne entra in possesso: possono essere infatti utilizzati per impersonare il client originale da cui sono stati rubati quando si effettua una richiesta al server. *Cross-Site Scripting* (XSS) e *Cross-Site Request Forgery* (CSRF) sono due tecniche comuni che un utente malintenzionato può utilizzare per rubare i cookie ad un client. Per evitare queste potenziali vulnerabilità, può essere utile implementare meccanismi di protezione che consentano di avere un controllo sicuro delle sessioni e dei cookie.

Come visto in precedenza, dopo aver ricevuto una richiesta HTTP, il server può inviare uno o più header **Set-Cookie** al client insieme alla risposta. Il browser normalmente memorizza i cookie e li invia allo stesso server con nuove richieste utilizzando l'header **Cookie**. I cookie possono anche includere prefissi e attributi specifici che indicano come devono essere utilizzati e la loro durata.

Questo è un esempio di risposta HTTP inviata dal server (dopo una richiesta del client) che imposta due cookie:

```
HTTP/1.1 200 OK
Content-Type: text/html
Set-Cookie: theme=light
Set-Cookie: c_id=a1b2c3d4; Expires=Sat, 16 Dec 2023 09:13:20 GMT

[Response Body]
```

E questa è la successiva richiesta del client allo stesso server che invia i cookie memorizzati:

```
GET /blog/html.spec.html HTTP/1.1
Host: www.mysiteexample.com
Cookie: theme=light; c_id=a1b2c3d4
```

# Il linguaggio HTML

## Informazioni generali

Il linguaggio HTML, acronimo di *HyperText Markup Language*, viene utilizzato per indicare ai browser come strutturare e visualizzare le pagine web. La sintassi è definita dal *World Wide Web Consortium* (W3C) e la versione corrente è la 5.0.

Un elemento HTML solitamente è composto da:

- Tag di apertura

- Contenuto

- Tag di chiusura

Ad esempio, prendendo in considerazione **<p> Il mio primo paragrafo </p>**:

- **<p>** è il tag di apertura

- **Il mio primo paragrafo** è il contenuto

- **</p>** è il tag di chiusura

Non tutti gli elementi hanno il tag di chiusura: in tal caso si parla di elementi *void*, *null* o *autochiudenti*.

I tag di apertura possono avere attributi che specificano i dettagli dell'elemento HTML a cui si riferiscono. Si impostano utilizzando il formato

**ProperyName="Value"** o **ProperyName='Value'**. Ad esempio, **<p style="color: red">  Il mio primo paragrafo </p>** definisce un paragrafo il cui testo **Il mio primo paragrafo** ha colore rosso (**style**, come vedremo, è un attributo che definisce lo stile di un elemento HTML). Sono accettate sia le virgolette singole sia le virgolette doppie, ma non dovrebbero mai essere mischiate. Un tipo di virgolette può essere inserito all'interno di un altro tipo di virgolette senza problemi, ma se si utilizza lo stesso tipo di virgolette che racchiude il valore dell'attributo è necessario utilizzare **&quot;** per le virgolette doppie e **&apos;** per le virgolette singole.

Esistono diversi tipo di attributi:

- **Attributi core**: possono essere utilizzati in qualsiasi elemento HTML. I più comuni sono:

    - **id**: è un identificatore univoco per l'elemento HTML

    - **style**: viene utilizzato per definire lo stile di un elemento HTML

    - **class**: viene utilizzato per specificare una o più classi per un elemento HTML che saranno poi utilizzate nei fogli di stile CSS

    - **title**: viene utilizzato per descrivere il contenuto di un elemento HTML - solitamente visualizzato come *tooltip* (un breve messaggio a comparsa)

    - **lang**: definisce la lingua di un elemento HTML (standard ISO-639)

    - **hidden**: viene utilizzato per indicare ai browser se visualizzare o meno un elemento (è un valore booleano)

- **Attributi specifici dell'elemento**: definiscono uno specifico aspetto di un elemento HTML (ad esempio **href** per un elemento **<a>** o **type** per un elemento **<input>**)

- **Attributi custom**: memorizzano informazioni personalizzate e iniziano sempre con **data-** (ad esempio **data-customattr**)

In HTML, un commento (su una o più righe) viene inserito tra i tag **<!--** e **-->**; il testo tra questi due tag non verrà visualizzato dai browser web (ad esempio **<!-- Il mio commento -->**). È possibile utilizzare i commenti per dare una spiegazione più approfondita del codice sorgente in modo che sia comprensibile anche ad altri sviluppatori.

# Struttura di un documento HTML

La struttura base di una pagina HTML è la seguente:

```
<!DOCTYPE html>

<html>

 <head>

  <title> Titolo </title>

 </head>

 <body>

 </body>

</html>
```

Puoi copiare questo frammento di codice all'interno del tuo editor di testo preferito e successivamente inserire gli altri elementi HTML che vedremo nei prossimi paragrafi.

Alcune informazioni:

- **<!DOCTYPE html>**: è un'istruzione per il browser web che indica la versione HTML utilizzata (5.0)

- **<html>**: è un elemento che contiene tutti gli elementi HTML della pagina, ovvero l'intero documento HTML

35

- **<head>**: è un elemento che contiene tutte le meta-informazioni del documento HTML

- **<body>**: è un elemento che contiene tutti i tag necessari per strutturare il documento HTML, cioè il contenuto vero e proprio

- **<title>**: è un elemento che indica il titolo del documento HTML - appare nella barra del titolo del browser ed è il nome suggerito quando si aggiunge la pagina tra i preferiti - appare anche come titolo della pagina nei risultati dei motori di ricerca

Questi tag sono chiamati *tag di scheletro* (skeleton tags) e definiscono la struttura base di un documento HTML. In una rappresentazione ad albero **<html>** è quindi l'elemento radice e tutti gli altri elementi sono i suoi rami.

# Meta-informazioni

L'elemento **<meta>** viene utilizzato per specificare i metadati di una pagina HTML, ovvero le-meta informazioni che non vengono visualizzate dai browser web. Viene inserito nella sezione **<head>** ed è un elemento void.

I suoi attributi sono:

- **name**: viene utilizzato per specificare un nome per i metadati, ovvero per il valore indicato nell'attributo **content** (ad esempio **author**, **description**, o **keywords**)

- **http-equiv**: viene utilizzato per fornire un'intestazione HTTP per il valore indicato nell'attributo **content** (ad esempio **content-type** o **refresh**)

- **content**: viene utilizzato per fornire il valore per l'attributo **name** o **http-equiv**

- **charset**: viene utilizzato per specificare la codifica dei caratteri per il documento HTML (ad esempio **UTF-8**)

Gli attributi **name** e **http-equiv** sono mutualmente esclusivi.

Ecco alcuni esempi che chiariranno le idee:

<meta name="author" content="Marco Colombo">

<meta name="description" content="Descrizione della pagina">

<meta name="keywords" content="keyword1, keyword2, keyword3">

<meta http-equiv="refresh" content="10">

<meta http-equiv="refresh" content="10; url=http://www.mysite.com">

<meta charset="utf-8">

Come si può notare, è possibile utilizzare l'elemento **<meta>** per specificare l'autore, la descrizione e le parole chiave del documento HTML, nonché per aggiornare la pagina dopo un certo periodo di tempo (ad esempio 10 secondi) ed eventualmente fare un re-indirizzamento verso un altro sito web (http://www.mysite.com) o semplicemente per specificare la codifica dei caratteri per il documento HTML.

# Elementi di testo

In questa sezione esamineremo gli elementi di testo più importanti utilizzati per aggiungere paragrafi, intestazioni, elenchi e così via. Cominciamo con due elementi base: i paragrafi e le intestazioni.

L'elemento **<p>** definisce un paragrafo, solitamente un blocco di testo. Inizia sempre su una nuova riga e i browser aggiungono automaticamente uno spazio prima e dopo ogni paragrafo.

Gli elementi **<h1>**, **<h2>**, **<h3>**, **<h4>**, **<h5>** e **<h6>** definiscono una intestazione, un titolo o un sottotitolo da visualizzare all'interno del documento HTML. La dimensione di ogni intestazione determina la sua gerarchia e quindi la sua importanza (ricorda di non saltare mai elementi di intestazione seguendo l'ordine gerarchico!): **<h1>** definisce l'intestazione con il testo più grande (il primo elemento gerarchico, il più importante), mentre **<h6>** definisce l'intestazione con il testo più piccolo (l'ultimo elemento gerarchico, il meno importante).

Altri elementi HTML molto comuni, solitamente utilizzati con paragrafi e intestazioni, sono:

- **<br>**: è un elemento void utilizzato per definire un'interruzione di riga all'interno dello stesso contenuto - se invece si desidera definire un nuovo contenuto è possibile utilizzare un elemento specifico come ad esempio un nuovo paragrafo

- **<hr>**: è un elemento void utilizzato per visualizzare una linea orizzontale per tutta la larghezza dell'elemento padre - può essere utilizzato come interruzione di sezione o per definire un cambio di argomento

Facciamo ora un esempio per mettere in pratica quanto appena appreso. È possibile inserire il seguente codice (e quelli successivi) nella sezione **<body>** del documento HTML base visto in precedenza:

<h1> Intestazione principale </h1>

<h2> Prima intestazione di livello 2 </h2>

<p> Il mio primo paragrafo </p>

<p> Il mio secondo paragrafo </p>

<hr>

<h2> Seconda intestazione di livello 2 </h2>

<p> Il mio terzo paragrafo </p>

Aprendo il file nel browser, si potrà vedere l'intestazione principale e due sezioni separate da una linea orizzontale, la prima con un'intestazione e due paragrafi e la seconda con un'intestazione e un solo paragrafo.

Oltre agli elementi appena trattati, molto spesso capiterà di dover inserire degli elenchi all'interno dei documenti. In HTML, esistono tre tipi di elenchi: elenchi ordinati, elenchi non ordinati ed elenchi di definizione.

L'elemento **<ol>** è utilizzato per definire degli elenchi ordinati, ovvero elenchi o liste in cui l'ordine di ciascun elemento è importante. Ogni elemento della lista è definito dall'elemento HTML **<li>**. L'esempio seguente definisce un elenco ordinato di quattro elementi (nota il numero accanto a ogni elemento quando visualizzi la pagina web con il browser):

```
<ol>
  <li> Primo Elemento </li>
  <li> Secondo Elemento </li>
  <li> Terzo Elemento </li>
  <li> Quarto Elemento </li>
</ol>
```

Alcuni attributi molto comuni di **<ol>** sono:

- **type**: viene utilizzato per specificare il tipo di marcatore dell'elenco (ad esempio **1** - valore predefinito - per valori decimali, **a** per lettere minuscole, **A** per lettere maiuscole, **i** per numeri romani minuscoli e **I** per numeri romani maiuscoli)

- **start**: viene utilizzato per specificare il valore iniziale dell'elenco

- **reversed**: viene utilizzato per invertire l'ordine dell'elenco

L'esempio seguente definisce un elenco ordinato di quattro elementi la cui numerazione parte dalla lettera maiuscola **G** e segue un ordine decrescente:

```
<ol start="7" type="A" reversed>
  <li> Primo Elemento </li>
  <li> Secondo Elemento </li>
```

```
  <li> Terzo Elemento </li>

  <li> Quarto Elemento </li>

</ol>
```

Se si desidera modificare il valore iniziale di un elemento e dei successivi, è possibile specificare l'attributo **value** di **<li>**.

```
<ol >

  <li> Primo Elemento </li>

  <li> Secondo Elemento </li>

  <li value="5"> Terzo Elemento </li>

  <li> Quarto Elemento </li>

</ol>
```

In questo caso, il terzo e il quarto elemento avranno rispettivamente valore 5 e 6.

L'elemento **<ul>** è utilizzato per definire degli elenchi non ordinati, ovvero elenchi o liste in cui l'ordine di ciascun elemento non ha alcuna rilevanza. Per impostazione predefinita, un elenco non ordinato mostra un pallino nero per contrassegnare ogni elemento, ma questo comportamento può essere modificato tramite CSS. Come per gli elenchi ordinati, ogni elemento all'interno della lista è definito dall'elemento HTML **<li>**. Il seguente esempio definisce un elenco non ordinato di quattro elementi:

```
<ul>

  <li> Primo Elemento </li>

  <li> Secondo Elemento </li>

  <li> Terzo Elemento </li>

  <li> Quarto Elemento </li>

</ul>
```

Gli elenchi possono anche essere annidati: un elenco non ordinato può essere inserito in un elenco ordinato (come nell'esempio seguente) e viceversa.

```
<ol>
  <li> Elemento 1 </li>
  <li> Elemento 2 </li>
  <li> Elemento 3
    <ul>
      <li> Elemento 3 - Caratteristica A </li>
      <li> Element 3 - Caratteristica B </li>
    </ul>
  </li>
  <li> Elemento 4 </li>
</ol>
```

L'elemento **<dl>** è utilizzato per definire degli elenchi di definizioni, ovvero elenchi utilizzati per descrivere termini specifici. Un elenco di definizioni è costituito da coppie di tipo *chiave-valore*: l'elemento **<dt>** descrive il termine e l'elemento **<dd>** specifica la sua descrizione. Il seguente esempio definisce un elenco di definizioni con due termini:

```
<dl>
  <dt> Primo termine </dt>
  <dd> Descrizione del primo termine </dd>
  <dt> Secondo termine </dt>
  <dd> Descrizione del secondo termine </dd>
</dl>
```

Infine, una menzione speciale va all'elemento HTML **<pre>**, utilizzato per inserire del testo preformattato nel documento. Come si può notare

41

nell'esempio seguente, le interruzioni di riga e gli spazi vengono preservati e il testo viene visualizzato in un font a larghezza fissa.

```
<pre>

function diff(a,b) {

    c=a-b;

    return c;

}

</pre>
```

# Formattazione del testo

Con il termine *formattazione del testo* ci si riferisce al modo in cui il testo viene presentato all'interno della pagina web, ovvero come appare all'interno del documento, in modo che sia facile da leggere e da comprendere, evidenzi le informazioni più importanti e trasmetta un particolare *tono di lettura*.

In HTML esistono *tag di frase* (phrase tags) e *tag di presentazione* (presentation tags). La seguente tabella specifica il loro utilizzo e le differenze più importanti:

| Tag di presentazione | Tag di frase |
|---|---|
| Modificano l'aspetto del testo senza aggiungere importanza semantica | Modificano l'aspetto del testo aggiungendo importanza semantica |
| Sono stati definiti e utilizzati prima dell'avvento del linguaggio CSS e ora sono sostituiti dai tag di frase o dal linguaggio CSS | Sono riconosciuti dagli screen reader e utilizzati dai motori di ricerca |

I più comuni tag di frase sono:

- **<strong>**: viene utilizzato per dare maggiore importanza al testo (il contenuto è solitamente visualizzato in grassetto)

- **<em>**: viene utilizzato per enfatizzare il testo (il contenuto è solitamente visualizzato in corsivo)

- **<mark>**: viene utilizzato per evidenziare il testo in giallo

- **<code>**: viene utilizzato per specificare un frammento di codice informatico

- **<kbd>**: viene utilizzato per indicare che il contenuto è un input da tastiera

- **<var>**: viene utilizzato per indicare che il contenuto è una variabile

- **<samp>**: viene utilizzato per specificare l'output di un programma o di uno script

**<strong>** sostituisce **<b>**, un tag di presentazione utilizzato per visualizzare il testo in grassetto, mentre **<em>** sostituisce **<i>**, un tag di presentazione utilizzato per visualizzare il testo in corsivo. **<code>**, **<kbd>**, **<var>** e **<samp>** sostituiscono **<tt>**, un tag di presentazione utilizzato per definire un testo a spaziatura fissa e non supportato in HTML 5.

L'esempio seguente definisce due paragrafi in cui sono utilizzati alcuni tag di frase:

<p> Questa <strong> parola </strong> è in grassetto, mentre questa <em> parola </em> è in corsivo </p>

<p> Questa <mark> parola </mark> è evidenziata in giallo </p>

I tag di frase visualizzano il testo in modo differente rispetto ai tag di paragrafo o di intestazione. Ciò accade perché, ad esempio, **<strong>** è un tipo di tag diverso da **<p>** o **<h1>**. Tutti gli elementi HTML possono infatti essere classificati in due categorie, ciascuna con caratteristiche specifiche: *elementi a blocco* (block-level elements) ed *elementi inline* (inline-level elements). La seguente tabella riassume le loro caratteristiche principali:

| Elementi a blocco | Elementi inline |
|---|---|
| Iniziano su una nuova riga: i browser normalmente aggiungono una nuova riga sia prima sia dopo l'elemento per una migliore leggibilità | Non iniziano su una nuova riga |
| Si prendono quanto più spazio orizzontale possibile (occupano tutta la larghezza disponibile) | Occupano solo lo spazio di cui hanno effettivamente bisogno (lo spazio richiesto dal contenuto) |
| Alcuni esempi: <h1> ... <h6> - <p> - <ol> - <ul> - <li> - <main> - <header> - <aside> | Alcuni esempi: <b> - <i> - <strong> - <em> - <a> - <img> - <input> - <label> |

# Come raggruppare più elementi

In HTML, per raggruppare più elementi puoi utilizzare:

- **<div>**: è un contenitore generico a blocco, normalmente utilizzato per definire sezioni in un documento HTML e per raggruppare elementi affinché possa essere applicato loro un particolare stile

- **<span>**: è un contenitore generico inline, normalmente utilizzato per raggruppare elementi inline affinché possa essere applicato loro un particolare stile

Come si può vedere nell'esempio qui sotto, **<div>** e **<span>** non hanno alcun effetto sul layout del documento finché non vengono formattati in qualche modo particolare tramite CSS.

<div>

<p> Questo è il <span> primo paragrafo </span> </p>

<p> Questo è il <span> secondo paragrafo </span> </p>

</div>

# Come strutturare una pagina HTML

Gli elementi più importanti che è possibile utilizzare per descrivere la struttura semantica di una pagina web sono:

- **<main>**: viene utilizzato per definire il contenuto principale - deve essere univoco all'interno di un documento HTML

- **<header>**: viene normalmente utilizzato per definire l'intestazione (*header*) della pagina (solitamente un banner con il logo), ma anche per fornire informazioni introduttive ad altri elementi (ad esempio **<nav>**, **<aside>**, **<section>** e **<article>**) - un elemento **<header>** non può essere inserito in elementi **<footer>**, **<address>** o in un altro elemento **<header>**

- **<footer>**: viene normalmente utilizzato per le note a piè di pagina della pagina web (ad esempio con informazioni di contatto e copyright) o di altri elementi (ad esempio **<section>**, **<nav>** e **<aside>**) - un elemento **<footer>** non può essere inserito in un altro elemento **<footer>**

- **<nav>**: viene normalmente utilizzato per definire un menu con link di navigazione

- **<aside>**: è un contenuto aggiuntivo al contenuto principale della pagina che fornisce informazioni secondarie (ad esempio il glossario nella barra laterale) - il suo contenuto è indirettamente correlato al contenuto principale del documento

- **<section>**: è una sezione della pagina web correlata al resto delle informazioni - non è un contenuto autonomo e indipendente

- **<article>**: è un contenuto autonomo che ha senso anche senza il resto della pagina (ad esempio un post del blog, una scheda prodotto, un annuncio e così via)

Il seguente esempio mostra come questi elementi possono essere utilizzati all'interno di una pagina web:

```
<body>
<header>
  <img src="img.jpg" alt="Banner con logo" width="600" height="60">
</header>
<nav>
  <a href="/link_1/"> Link 1 </a> |
  <a href="/link_2/"> Link 2 </a> |
  <a href="/link_3/"> Link 3 </a>
</nav>
<main>
  <h1> Intestazione principale della pagina </h1>
  <div>
    <p> Questo è il contenuto principale </p>
    <p> Tratta l'argomento principale della pagina </p>
  </div>
  <article>
    <h2> intestazione dell'elemento article </h2>
```

```
<p>

    È un contenuto autonomo, non strettamente correlato all'argomento
    principale

</p>

</article>

<hr>

<section>

  <h2> Intestazione dell'elemento section 1 </h2>

  <p>

    È una sezione della pagina, strettamente correlata all'argomento
    principale - non è un contenuto autonomo

  </p>

</section>

<section>

  <h2> Intestazione dell'elemento section 2 </h2>

  <p>

    È una nuova sezione della pagina, strettamente correlata
    all'argomento principale - non è un contenuto autonomo

  </p>

</section>

</main>

<aside>

  <h3> Intestazione dell'elemento aside </h3>

  <p> È un contenuto aggiuntivo al contenuto principale </p>

</aside>

<footer>

  <p> Specifica le informazioni di contatto e di copyright </p>
```

```
</footer>
```

```
</body>
```

Oltre agli elementi descritti finora, abbiamo utilizzato anche altri due elementi, mai visti prima e che esamineremo nei prossimi paragrafi: **<img>**, definito all'interno dell'elemento **<header>** e utilizzato per specificare un'immagine (nel nostro esempio un banner con il logo) e **<a>**, definito nell'elemento **<nav>** e utilizzato per specificare un link.

Puoi copiare il codice sopra riportato in un nuovo documento HTML e poi iniziare a modificarlo a tuo piacimento per acquisire maggiore familiarità e sicurezza nella creazione di pagine web.

# Link

L'elemento **<a>** è utilizzato per definire un hyperlink. Per impostazione predefinita, un link appare sottolineato in blu quando non è ancora stato visitato, mentre appare sottolineato in viola in caso contrario. Come vedremo, è possibile modificare questo comportamento tramite CSS.

Gli attributi più importanti di tale elemento sono:

- **href**: rappresenta la destinazione del link, ovvero l'URL a cui punta l'hyperlink - può essere:

  o un percorso assoluto: un URL che contiene l'indirizzo completo della destinazione (comprendendo quindi protocollo, nome di dominio e percorso della risorsa)

  o un percorso relativo: un URL che contiene solo il percorso della risorsa (non viene fornito alcuno schema e alcun nome di dominio) - se l'URL inizia senza una barra obliqua (/) è relativo alla pagina corrente, mentre se inizia con una barra obliqua è relativo alla *root* (*nome di dominio radice*) del sito web corrente

- una posizione specifica con prefissi speciali (ad esempio **mailto:** o **tel:**)

- **target**: specifica dove deve essere visualizzato l'URL - può avere come valore un particolare contesto di navigazione (un tab, una finestra o un **<iframe>**) o una delle seguenti parole chiave:

  - **_self**: viene utilizzata per visualizzare l'URL nel contesto di navigazione corrente - valore predefinito

  - **_blank**: viene utilizzata per visualizzare l'URL in una nuova finestra o in una nuova scheda a seconda della configurazione del browser web

  - **_parent**: viene utilizzata per visualizzare l'URL nel contesto di navigazione padre, se presente, o nel contesto di navigazione corrente in caso contrario

  - **_top**: viene utilizzata per visualizzare l'URL nel contesto di navigazione genitore *più in alto* (*più esterno*), se presente, o nel contesto di navigazione corrente in caso contrario

Ecco alcuni esempi:

<a href="my_page.html"> Vai alla mia pagina </a>

<a href="../my_page.html"> Vai alla mia pagina </a>

<a href="https://www.mysite.com"> Vai al mio sito </a>

<a href="my_page.html" target="_blank"> Vai alla mia pagina </a>

<a href="mailto:info@mydomain.it"> Invia una mail </a>

<a href="tel:+123456789"> Contattaci telefonicamente </a>

I primi tre esempi definiscono rispettivamente un link a una pagina web situata nella stessa directory in cui si trova la pagina HTML corrente (URL relativo), un link a una pagina web situata un livello più in alto rispetto alla directory in cui si trova la pagina HTML corrente (URL relativo) e un link a un sito web (URL assoluto). Il quarto esempio definisce un link che apre l'URL in una nuova finestra o in una nuova scheda, mentre il quinto e il sesto esempio definiscono un link a un indirizzo e-mail e a un numero di telefono.

Se si desidera aprire la pagina web indicata nell'attributo **href** in un particolare elemento **<iframe>**, è necessario specificare come attributo **target** il valore dell'attributo **name** dell'**<iframe>**. Un esempio è il seguente:

```
<a href="my_page.html" target="ifr_name"> Il mio link </a>
<iframe name="ifr_name" width="800" height="600" src="custom.html">
  <p> Non supportato </p>
</iframe>
```

In questo caso il link apre l'URL nell'iframe specificato (con nome **ifr_name**). In HTML, è possibile utilizzare l'elemento **<iframe>** per definire un iframe per incorporare un documento all'interno del documento HTML corrente (gli attributi **width** e **height** specificano la dimensione dell'iframe).

Infine, se si desidera che il browser porti a un punto specifico di una pagina web, è necessario utilizzare un *frammento di URL* (url fragment o URL anchor). Si tratta di un riferimento di pagina interno, posizionato alla fine dell'URL che inizia con un carattere cancelletto (**#**) seguito dall'identificativo della risorsa cui fa riferimento. Il frammento di URL non viene mai inviato al server.

Dai un'occhiata al seguente esempio:

```
<a href="pageA.html#h2"> Il mio link </a>
```

Cliccando sul link, il browser aprirà l'URL e navigherà fino all'elemento avente attributo **id** uguale al frammento di URL (**pageA.html** conterrà presumibilmente un elemento il cui attributo **id** avrà valore **h2**, ad esempio **<h2 id="h2"> Intestazione di livello 2 </h2>**).

Come si può notare dall'esempio qui sotto riportato, è anche possibile utilizzare un frammento di URL per posizionarsi in un punto specifico della pagina web corrente:

<a href="#par_id_1"> Il mio link </a>

<p id="par_id_1"> Il mio paragrafo </p>

In questo caso, il link porterà al paragrafo, all'interno del documento HTML corrente, il cui attributo **id** ha valore **par_id_1**.

# Immagini

L'elemento **<img>** viene utilizzato per incorporare un'immagine in un documento HTML. I suoi attributi più comuni sono:

- **src**: viene utilizzato per memorizzare il percorso dell'immagine da incorporare (attributo obbligatorio) - è possibile indicare sia percorsi assoluti sia relativi

- **alt**: è una descrizione testuale dell'immagine che viene letta dagli screen reader e mostrata nel caso in cui l'immagine non possa essere visualizzata (ad esempio per i browser di solo testo o in caso di problemi di rete)

- **height**: è l'altezza in pixel dell'immagine - utile in caso di caricamento lento o problematico

- **width**: è la larghezza in pixel dell'immagine - utile in caso di caricamento lento o problematico

Ad esempio, è possibile definire una immagine in questo modo (nota che **<img>** non ha tag di chiusura):

<img src="newyork.jpg" alt= "New York" width="800" height="600">

È anche possibile definire una immagine come un link:

<a href="page.html"><img src="newyork.png" alt="New York"></a>

Quando si lavora con le immagini bisogna prestare attenzione alla distorsione che può verificarsi se le proporzioni non sono corrette o quando immagini troppo piccole vengono ingrandite impostando valori di altezza e larghezza non ottimali. Inoltre, se le immagini sono troppo grandi, il ridimensionamento spesso porta a tempi di caricamento più lunghi.

I formati di immagine più comuni sono i seguenti:

- SVG (Scalable Vector Graphics): l'immagine viene mostrata attraverso una funzione matematica basata sulle sue caratteristiche geometriche (questo formato è solitamente utilizzato per i loghi) - l'immagine non ha problemi di ridimensionamento ed è indipendente dalla risoluzione

- Bitmap: l'immagine è rappresentata da una griglia rettangolare di pixel, ognuno dei quali ha una posizione e un valore di colore (questo formato è solitamente utilizzato per le foto) - avendo un numero fisso di pixel, l'immagine è strettamente correlata alla sua risoluzione (potrebbero esserci problemi in caso di ridimensionamento) e risulta più pesante di un'immagine SVG - i formati compressi più comuni sono PNG, JPEG e GIF

# Audio e video

L'elemento **<audio>** viene utilizzato per incorporare contenuti audio in un documento HTML, mentre l'elemento **<video>** viene utilizzato per incorporare un lettore multimediale che supporta la riproduzione video. In entrambi gli elementi è possibile specificare la posizione della sorgente utilizzando l'attributo **src**. In alternativa, è possibile indicare una o più sorgenti utilizzando l'elemento **&lt;source&gt;**; in tal caso il browser sceglierà la prima sorgente supportata (i formati audio supportati sono .mp3, .ogg e .wav, mentre i formati video supportati sono .mp4, .ogg e .webm). Se il browser non è in grado di riprodurre audio o video, mostrerà il testo indicato all'interno dei tag. L'attributo **controls** può essere utilizzato in entrambi gli elementi per visualizzare i controlli audio e video con il pulsante di riproduzione/pausa. È anche possibile utilizzare l'attributo **autoplay** per specificare che l'audio o il video inizieranno a essere riprodotti non appena pronti e l'attributo **loop** per specificare che l'audio o il video verranno riprodotti a ciclo continuo.

Il seguente esempio definisce un elemento **&lt;audio&gt;** specificando una singola sorgente tramite l'attributo **src**:

```
<audio controls src="/media/my_audio.mp3">
  <p> Tag audio non supportato </p>
</audio>
```

Quest'altro esempio definisce invece un elemento **&lt;audio&gt;** con più sorgenti (ricordati di controllare sempre se il browser supporta i formati specificati):

```
<audio controls>
  <source src="/media/my_audio.mp3" type="audio/mpeg">
  <source src="/media/my_audio1.ogg" type="audio/ogg">
  <p> Tag audio non supportato </p>
</audio>
```

Allo stesso modo, gli esempi sotto riportati definiscono un elemento **&lt;video&gt;** con una sola sorgente utilizzando l'attributo **src** e un elemento **&lt;video&gt;** con più sorgenti utilizzando l'elemento **&lt;source&gt;** (nota che **&lt;source&gt;** non ha tag di chiusura):

```
<video controls src="/media/my_video.mp4">

  <p> Tag video non supportato </p>

</video>

<video width="320" height="240" controls>

  <source src="/media/my_video.mp4" type="video/mp4" >

  <source src="/media/my_video1.ogg" type="video/ogg" >

  <p> Tag video non supportato </p>

</video>
```

# Campi di form

Un *form* (o modulo) è un'interfaccia grafica che consente all'utente di inserire e inviare dati al server. Solitamente è costituito da un insieme di campi racchiusi tra i tag **<form>** e **</form>**. Analizzeremo tali campi in dettaglio nei prossimi paragrafi.

## Campi di testo ed etichette

I campi più comuni che possono essere inseriti all'interno di un form sono i campi di testo e le relative etichette.

L'elemento **<input>** viene utilizzato per specificare un controllo interattivo per un'interfaccia utente in cui è possibile immettere dati. È un elemento void e non ha tag di chiusura. L'attributo **type** definisce il tipo di elemento da visualizzare, ad esempio un campo di testo, un pulsante di opzione, una casella di controllo e così via.

La seguente tabella mostra i valori più comuni per l'attributo **type**.

| Valore | Descrizione |
|--------|-------------|
| text | Casella di testo - testo senza interruzioni di riga - valore predefinito |
| tel | Casella di testo - testo senza interruzioni di riga |
| url | Casella di testo – URL |
| email | Casella di testo - uno o più indirizzi di posta elettronica |
| password | Casella di testo con dati oscurati - testo senza interruzioni di riga |
| search | Casella di ricerca - testo senza interruzioni di riga |
| hidden | Campo non visualizzato nel form contenente una stringa di testo |
| checkbox | Casella di controllo (con altri elementi checkbox è possibile scegliere zero o più opzioni tra quelle disponibili) |
| radio | Pulsante di opzione (con altri elementi radio è possibile scegliere una sola opzione tra quelle disponibili) |

| color | Campo di tipo colore |
|---|---|
| time | Campo di tipo ora senza fuso orario (ora - minuti - secondi - frazione di secondi) |
| date | Campo di tipo data senza fuso orario (anno - mese - giorno) |
| datetime-local | Campo di tipo data e ora senza fuso orario |
| month | Campo di tipo mese per date senza fuso orario (anno - mese) |
| week | Campo di tipo settimana per date senza fuso orario (numero settimana - anno) |
| number | Campo con valori numerici di incremento e decremento |
| range | Campo di tipo *slider* per valori numerici (il numero esatto non è importante) |
| file | Bottone per effettuare l'upload di un file e una etichetta |
| button | Bottone generico |
| reset | Bottone che ripristina i campi ai loro valori iniziali |

| submit | Bottone per inviare il modulo (per fare il submit del form) |
|---|---|
| image | Immagine o bottone cliccabile per inviare il modulo |

Ogni elemento **<input>** viene solitamente associato a una etichetta che ne specifica la descrizione ed è definita utilizzando l'elemento **<label>**. In particolare, per associare un'etichetta a un elemento all'interno del form, è necessario impostare il valore dell'attributo **for** dell'elemento **<label>** uguale al valore dell'attributo **id** dell'elemento associato. Il seguente esempio definisce due elementi di testo con le relative etichette:

```
<p> <label for="idN"> Nome: </label> </p>
<p> <input type="text" name="fname" id="idN" required> </p>
<p> <label for="idS"> Cognome: </label> </p>
<p> <input type="text" name="fsurname" id="idS" required > </p>
```

Cliccando sull'etichetta il focus passerà al campo di testo associato e quando il campo di testo avrà il focus, gli screen reader leggeranno l'etichetta corrispondente. L'attributo **required** viene utilizzato per specificare che l'elemento **<input>** deve avere un valore prima dell'invio del modulo (attributo booleano), mentre l'attributo **name** viene utilizzato per specificare il nome dell'elemento (viene utilizzato per fare riferimento al campo dopo l'invio del modulo).

Altri attributi molto comuni, solitamente utilizzati nei campi di testo, sono:

- **value**: viene utilizzato per specificare un valore iniziale per il campo di testo

- **placeholder**: viene utilizzato per specificare il valore atteso per il campo di testo - può essere visto come un valore di esempio o una spiegazione del campo, visibile quando il campo di testo è vuoto e che scompare quando l'utente inizia a digitare

- **autocomplete**: viene utilizzato per specificare che il campo di testo deve avere il completamento automatico abilitato (ricordati di disabilitare il completamento automatico per i dati sensibili)

## Pulsanti di opzione

Un *pulsante di opzione* (radio button o pulsante radio) viene definito utilizzando un elemento **<input>** con attributo **type** impostato su **radio**. Dai uno sguardo al seguente esempio:

```
<p> Scegli il tuo social network preferito: </p>

<p>
  <label for="ig"> Instagram </label>
  <input type="radio" value="instagram" name="grp_social" id="ig">
</p>

<p>
  <label for="fb"> Facebook </label>
  <input type="radio" value="facebook" name="grp_social" id="fb">
</p>

<p>
  <label for="tw"> X </label>
  <input type="radio" value="twitter" name="grp_social" id="tw">
</p>
```

L'esempio sopra riportato definisce tre pulsanti di opzione, ognuno dei quali corrisponde a una particolare scelta ed è consentito selezionarne solo uno tra questi.

Un pulsante di opzione è infatti normalmente utilizzato in un *gruppo di opzioni*, ovvero in una raccolta di pulsanti di opzione. Tutti i pulsanti nello stesso gruppo devono avere lo stesso attributo **name** (**grp_social** nell'esempio qui sopra). Se si seleziona una opzione in un gruppo, l'opzione scelta in precedenza per quel gruppo viene automaticamente deselezionata in modo tale che sia sempre selezionata solo una opzione alla volta all'interno del gruppo. Il valore inviato al server sarà quello specificato dall'attributo **value** corrispondente al pulsante di opzione selezionato.

Infine, per preselezionare di default un pulsante di opzione al caricamento della pagina web, è necessario utilizzare l'attributo **checked** sull'elemento corrispondente (attributo booleano).

## Caselle di controllo

Una *casella di controllo* (check box) viene definita utilizzando un elemento **<input>** con attributo **type** impostato su **checkbox**. Come nel caso di un gruppo di pulsanti di opzione, tutte le caselle di controllo all'interno dello stesso gruppo devono avere lo stesso attributo **name**. Date più opzioni, è quindi possibile selezionarne zero, una o più di una e i corrispondenti valori saranno inviati al server.

L'esempio seguente definisce tre caselle di controllo in uno stesso gruppo:

<p> Scegli il tuo social network preferito: </p>

<p>

  <label for="ig"> Instagram </label>

  <input type="checkbox" value="instagram" name="grp_scl" id="ig">

</p>

<p>

  <label for="fb"> Facebook </label>

  <input type="checkbox" value="facebook" name="grp_scl" id="fb">

</p>

```
<p>

   <label for="tw"> X </label>

   <input type="checkbox" value="twitter" name="grp_scl" id="tw">

</p>
```

Per preselezionare di default una casella di controllo al caricamento della pagina web, è necessario utilizzare l'attributo **checked** sull'elemento corrispondente (attributo booleano).

## Elenchi a discesa

L'elemento **<select>** viene utilizzato per specificare un elenco a discesa con un certo numero di opzioni. Gli elementi **<option>** all'interno dell'elemento **<select>** definiscono le opzioni disponibili nell'elenco a discesa e l'attributo **selected** indica l'elemento preselezionato al caricamento della pagina web. Se non specificato, viene selezionato il primo elemento nell'elenco.

È possibile definire un elenco a discesa in questo modo:

```
<label for="social"> Scegli il tuo social network preferito: </label>

<select name="social" id="social">

   <option value="instagram"> Instagram </option>

   <option value="facebook" selected > Facebook </option>

   <option value="twitter"> X </option>

</select>
```

In questo caso l'opzione *Facebook* viene selezionata per impostazione predefinita.

È anche possibile raggruppare più opzioni correlate tra loro utilizzando l'elemento **<optgroup>** come nel seguente esempio:

```
<label for="so" > Scegli il tuo sistema operativo preferito: </label>
```

```
<select name="so" id="so">

  <optgroup label="Microsoft">

        <option value="w11"> Windows 11 </option>

        <option value="w10"> Windows 10 </option>

        <option value="wxp"> Windows XP </option>

  </optgroup>

  <optgroup label="Linux">

        <option value="ubuntu"> Ubuntu </option>

        <option value="rhel"> Red Hat Enterprise Linux </option>

        <option value="mint"> Mint </option>

        <option value="rocky"> Rocky Linux </option>

  </optgroup>

  <optgroup label="macOS">

        <option value="bigsur"> Big Sur </option>

        <option value="mojave"> Mojave </option>

  </optgroup>

  </select>
```

# Campi nascosti

Un campo nascosto viene definito utilizzando un elemento **<input>** con attributo **type** impostato su **hidden**. È normalmente utilizzato per inviare al server informazioni che non possono essere modificate dall'utente (ad esempio un ID o un GUID). Un esempio è il seguente:

```
<input type="hidden" id="hidfld" name="hidfld" value="12456789">
```

# Campi file

Un campo *file* viene definito utilizzando un elemento **<input>** con attributo **type** impostato su **file** e viene normalmente utilizzato per inviare un file al server. L'attributo **accept** consente di specificare un elenco separato da virgole di formati accettati per il file (ad esempio **accept="image/jpeg, image/png"** o **accept="application/pdf"**). I formati accettati possono essere definiti anche lato back-end, così come la dimensione massima del file.

È possibile definire un campo file in questo modo:

<label for="br_id"> Carica il file </label>

<input type="file" id="br_id" name="attachment">

Per consentire la selezione di più file, è necessario specificare l'attributo **multiple** (attributo booleano).

# Aree di testo

L'elemento **<textarea>** viene utilizzato per inserire più righe di testo. Un esempio è il seguente:

<label for="id_c"> Il tuo commento </label>

<br>

<textarea id="id_c" name="feedback" rows="15" cols="20"> Qui puoi lasciare il tuo commento </textarea>

Gli attributi **rows** e **cols** definiscono il layout dell'area di testo e non la quantità di caratteri che possono essere inseriti.

# Bottone di reset

Un bottone di reset viene definito utilizzando un elemento **<input>** con attributo **type** impostato su **reset**. Permette di reimpostare tutti i campi ai loro valori iniziali.

È possibile definire un bottone di reset in questo modo:

<input type="reset" value="Ripristina tutti i valori">

# Bottone di submit

Un bottone di submit (bottone di invio modulo) viene definito utilizzando un elemento **<input>** con attributo **type** impostato su **submit**. Permette di inviare tutti i valori del form a un *gestore di form*, solitamente uno script che elabora i dati inseriti dall'utente.

È possibile definire un bottone di submit in questo modo:

<input type="submit" value="Invia tutti i dati">

# Bottoni generici

L'elemento **<button>** viene utilizzato per definire un bottone generico cliccabile dall'utente. È possibile inserire del testo e dei tag in questo elemento, cosa che non si può fare con i bottoni creati con l'elemento **<input>** (**<button>** ha infatti un tag di chiusura). L'attributo **type** permette di specificare il tipo di bottone.

I seguenti esempi definiscono un bottone di reset e un bottone di submit utilizzando l'elemento **<button>**:

<button type="reset" value="Reset"> Ripristina tutti i valori </button>

<button type="submit" value="Submit"> Invia tutti i dati </button>

L'esempio sotto riportato definisce invece un bottone generico con un evento personalizzato che visualizza una casella di avviso con la data e l'ora correnti ogni volta che un utente clicca su di esso (viene utilizzato del codice JavaScript):

```
<button type="button" onclick="var d=new Date(); alert(d);"> Data e ora correnti </button>
```

# Dove inserire i campi di un form

Come visto nei paragrafi precedenti, l'elemento **<form>** viene utilizzato per creare un form (modulo) HTML. Tutti i campi del modulo devono essere inseriti all'interno dei tag **<form>** e **</form>**.

Questo è un tipico tag di apertura:

```
<form action="myscript.php" method="get">
```

L'attributo **action** viene utilizzato per specificare dove inviare i dati del modulo quando viene fatto il submit (il gestore del modulo, ovvero l'URL che elabora l'invio del modulo - in questo caso il file **myscript.php**), mentre l'attributo **method** viene utilizzato per specificare il metodo HTTP usato per inviare i dati del modulo (ad esempio **get** o **post** - in questo caso **get**).

È anche possibile specificare l'attributo **enctype** per indicare il tipo di codifica dei dati (viene utilizzato solo con il metodo **post**):

- **application/x-www-form-urlencoded**: valore predefinito - tutti i caratteri vengono codificati prima dell'invio - gli spazi vengono convertiti in + e i caratteri speciali vengono convertiti in valori ASCII HEX

- **multipart/form-data**: necessario in caso di caricamento di file

- **text/plain**: nessuna codifica

Per una migliore leggibilità, è possibile raggruppare più campi di un form utilizzando l'elemento **<fieldset>**. Tale elemento disegna un riquadro attorno ai campi raggruppati, consentendo di agire direttamente su di essi, ad esempio abilitandoli o disabilitandoli tutti insieme. Per definire una didascalia per **<fieldset>** si può utilizzare l'elemento **<legend>**.

È buona norma eseguire la convalida di ogni campo prima dell'invio del modulo per evitare elaborazioni non necessarie al server (l'attributo **name** è, come già visto, ciò che permette di identificare ogni elemento all'interno del form).

L'esempio seguente mostra il codice HTML per la creazione di un semplice modulo:

```
<form action="myscript.php" method="get">
  <fieldset>
    <legend> Il mio form </legend>
    <p> <label for="idN"> Nome: </label> </p>
    <p> <input type="text" name="fname" id="idN" required> </p>
    <p> <label for="idS"> Cognome: </label> </p>
    <p> <input type="text" name="fsurname" id="idS" required > </p>
    <p><input type="reset" value="Ripristina tutti i valori"></p>
    <p><input type="submit" value="Invia tutti i dati"></p>
  </fieldset>
</form>
```

# Esercizi - HTML

1. Crea una pagina HTML chiamata **index.html** inserendo un'intestazione di primo livello con attributo **class** pari a **red** e un paragrafo con attributo **id** pari a **my_par1**.

```
<!DOCTYPE html>

<html>

<head>

    <title> HTML - Tutorial </title>

</head>

<body>

    <h1 class="red"> Informazioni generali </h1>

    <p id="my_par1"> Il linguaggio HTML, acronimo di HyperText

        Markup Language, viene utilizzato per indicare ai browser

        come strutturare e visualizzare le pagine web. La sintassi è

        definita dal World Wide Web Consortium (W3C) e la versione

        corrente è la 5.0. Insieme a CSS e JavaScript viene utilizzato

        per lo sviluppo front-end.

    </p>

</body>

</html>
```

2. Inserisci le meta-informazioni nella sezione **<head>**.

```
<meta name="author" content="Marco Colombo">
<meta name="description" content="In questa pagina esamineremo il
linguaggio HTML, un linguaggio front-end utilizzato per strutturare e
visualizzare le pagine web">
<meta name="keywords" content="HTML, CSS, JavaScript, Tutorial,
Web, programmazione, sviluppo">
```

3. Inserisci due sezioni separate da una linea orizzontale: la prima deve contenere un'intestazione di secondo livello con attributo **id** pari a **h2_AA**, un paragrafo con attributo **id** pari a **my_par2**, un elenco non ordinato e un altro paragrafo, mentre la seconda deve contenere un'intestazione di secondo livello con attributo **id** pari a **h2_BB** e un paragrafo con attributo **id** pari a **p_link**.

```
<h2 id="h2_AA"> La sintassi del linguaggio HTML </h2>
<p id="my_par2"> Un elemento HTML solitamente è
composto da: </p>
<ul>
    <li> Tag di apertura </li>
    <li> Contenuto </li>
    <li> Tag di chiusura </li>
</ul>
<p> Un esempio è il seguente: &lt;p&gt; Il mio primo paragrafo
&lt;/p&gt;. </p>
<hr>
<h2 id="h2_BB"> Maggiori informazioni </h2>
<p id="p_link"> Per rimanere aggiornato clicca sul seguente link: </p>
```

4. Come puoi visualizzare i tag HTML all'interno di una pagina web?

È necessario sostituire il carattere **<** con **&lt;** (o **&#60;**) e il carattere **>** con **&gt;** (o **&#62;**).

5. Come puoi sostituire l'elenco non ordinato con una lista ordinata di numeri romani minuscoli la cui numerazione parte da 5?

<ol type="i" start="5">

    <li> Tag di apertura </li>

    <li> Contenuto </li>

    <li> Tag di chiusura </li>

</ol>

6. Metti in grassetto e in corsivo alcune parole nel primo paragrafo, aggiungendo importanza semantica.

<p id="my_par1">

    Il linguaggio <strong> HTML </strong>, acronimo di <em>

    HyperText Markup Language </em>, viene utilizzato per indicare ai

    browser come strutturare e visualizzare le pagine web. La sintassi è

    definita dal World Wide Web Consortium (W3C) e la versione

    corrente è la 5.0. Insieme a <strong> CSS </strong> e <strong>

    JavaScript </strong> viene utilizzato per lo sviluppo front-end.

</p>

7. Quale elemento HTML che aggiunge importanza semantica puoi utilizzare all'interno del documento per racchiudere **&lt;p&gt; Il mio primo paragrafo &lt;/p&gt;**?

Puoi utilizzare l'elemento **<code>** che definisce un frammento di codice informatico.

<code> &lt;p&gt; Il mio primo paragrafo &lt;/p&gt; </code>

8. Crea un link nella seconda sezione che porti a un'altra pagina HTML chiamata **newsletter.html**. Il link deve aprirsi in un'altra scheda o in un'altra finestra.

<a href="newsletter.html" target="_blank"> La nostra newsletter </a>

9. Riorganizza il codice all'interno del **<body>** utilizzando gli elementi HTML che descrivono la struttura semantica di una pagina web.

```
<body>
  <header>
    <img    src="logo.png"    alt="Nome    azienda"    width="110"
    height="110">
  </header>
  <main>
    <section id="S_AA" class="sect">
      <h1 class="red"> Informazioni generali </h1>
      <p id="my_par1">
        Il linguaggio <strong> HTML </strong>, acronimo di <em>
        HyperText Markup Language </em>, viene utilizzato per indicare
        ai browser come strutturare e visualizzare le pagine web. La
        sintassi è definita dal World Wide Web Consortium (W3C) e la
        versione corrente è la 5.0. Insieme a <strong> CSS </strong> e
        <strong> JavaScript </strong> viene utilizzato per lo sviluppo
        front-end.
```

```
      </p>
    </section>
    <section id="S_BB" class="sect">
      <h2 id="h2_AA"> La sintassi del linguaggio HTML </h2>
      <p id="my_par2"> Un elemento HTML è solitamente composto
       da: </p>
      <ul>
        <li> Tag di apertura </li>
        <li> Contenuto </li>
        <li> Tag di chiusura</li>
      </ul>
      <p> Un esempio è il seguente: <code> &lt;p&gt; Il mio primo
      paragrafo &lt;/p&gt; </code>. </p>
    </section>
  </main>
  <hr>
  <article id="art_AA">
    <h2 id="h2_BB"> Maggiori informazioni </h2>
    <p id="p_link"> Per rimanere aggiornato clicca sul seguente
    link: </p>
    <a href="newsletter.html" target="_blank"> La nostra
    newsletter </a>
  </article>
  <footer>
    <p> 2024 - Marco Colombo </p>
    <p>
```

```
      <a href="mailto:mymail@example.com">

      mymail@example.com </a>

   </p>

   <p id="p_date"></p>

   </footer>

</body>
```

10. Quale elemento HTML puoi utilizzare per aggiungere nuovi contenuti indirettamente correlati al contenuto principale del documento?

Puoi utilizzare l'elemento **<aside>**. Ad esempio, puoi creare due elementi **<aside>** per spiegare a cosa servono CSS e JavaScript.

```
<aside id="as_AA">

  <h3> CSS </h3>

  <p> Il linguaggio CSS, acronimo di Cascading Style Sheets, viene

  utilizzato per applicare stili diversi alle pagine web. </p>

</aside>

<aside id="as_BB">

  <h3> JavaScript </h3>

  <p> JavaScript è il linguaggio di scripting utilizzato per rendere

  dinamiche le pagine web consentendo agli utenti di interagire con

  esse. </p>

</aside>
```

11. Crea la pagina HTML chiamata **newsletter.html**; deve contenere un'intestazione di primo livello (l'attributo **class** deve avere valore **red** e l'attributo **id** deve avere valore **h1_id**), un paragrafo e un form con

tre campi di testo (**first_name**, **last_name** ed **email**), le loro corrispondenti etichette e i bottoni di submit e di reset.

```html
<!DOCTYPE html>
<html>
  <head>
    <title> Newsletter </title>
  </head>
  <body>
    <h1 id="h1_id" class="red"> La nostra newsletter </h1>
    <p> Per iscriverti alla nostra newsletter compila i campi richiesti
     e clicca sul pulsante Iscriviti. </p>
    <form>
      <label for="first_name"> Nome </label>
      <input type="text" name="first_name" id="first_name" required>
      <br>
      <label for="last_name"> Cognome </label>
      <input type="text" name="last_name" id="last_name" required>
      <br>
      <label for="email"> Email </label>
      <input type="email" name="email" id="email" required>
      <br>
      <input id="submit" type="submit" value="Iscriviti">
      <input id="reset" type="reset" value="Cancella i valori">
    </form>
  </body>
</html>
```

12. Evidenzia il contenuto del paragrafo utilizzando un tag che aggiunge importanza semantica.

&lt;p&gt; &lt;mark&gt; Per iscriverti alla nostra newsletter compila i campi richiesti e clicca sul pulsante Iscriviti. &lt;/mark&gt; &lt;/p&gt;

13. Raggruppa l'intestazione di primo livello e il paragrafo utilizzando un elemento **&lt;div&gt;** con attributo **id** pari a **div_AA**, e raggruppa alcune parole all'interno del paragrafo utilizzando un elemento **&lt;span&gt;**. Cosa cambia da un punto di vista visivo?

Non cambia nulla: **&lt;div&gt;** e **&lt;span&gt;** vengono utilizzati rispettivamente per raggruppare elementi a blocco ed elementi inline e non hanno alcun effetto sul layout del documento finché non viene applicato loro uno stile particolare tramite CSS.

```
<div id="div_AA" >

    <h1 id="h1_id" class="red"> La nostra newsletter </h1>

    <p> <mark> Per iscriverti alla <span> nostra newsletter

    </span>, compila i campi richiesti e clicca sul pulsante

    Iscriviti. </mark> </p>

</div>
```

14. Raggruppa tutti i campi del modulo, inserisci la legenda e gli attributi dell'elemento **&lt;form&gt;**: il metodo utilizzato per inviare i dati al server è GET e all'invio deve essere eseguita la rotta Express **/send**.

```
</fieldset>
<legend> Campi della Newsletter </legend>
  <form action="/send" method="get" id="my_form">
    <label for="first_name"> Nome </label>
```

```
<input type="text" name="first_name" id="first_name" required>

<br>

<label for="last_name"> Cognome </label>

<input type="text" name="last_name" id="last_name" required>

<br>

<label for="email"> Email </label>

<input type="email" name="email" id="email" required>

<br>

<input id="submit" type="submit" value="Iscriviti">

<input id="reset" type="reset" value="Cancella i valori">

   </form>

</fieldset>
```

15. Quale elemento HTML puoi utilizzare per consentire agli utenti di iscriversi ad altre due newsletter oltre a quella predefinita?

Puoi inserire due caselle di controllo (**checkbox**) che ti permettono di selezionare zero, una o due opzioni.

```
<p> Desidero ricevere anche... </p>

<p>

<label for="ecology"> Newsletter - Ecologia </label>

<input type="checkbox" value="ecology" name="grp" id="ecology">

</p>

<p>

<label for="finance"> Newsletter - Finanza </label>

<input type="checkbox" value="finance" name="grp" id="finance">

</p>
```

# Il linguaggio CSS

## Informazioni generali

Il linguaggio CSS, acronimo di *Cascading Style Sheets*, viene utilizzato per specificare come gli elementi HTML devono essere rappresentati visivamente, separando così il contenuto del documento dalla sua presentazione grafica. La sintassi è definita dal *World Wide Web Consortium* (W3C) e la versione corrente è la 3.0.

Una proprietà CSS segue la seguente sintassi: **proprietà: valore;**.

Alcune proprietà si applicano a tutti gli elementi del documento, mentre altre solo a specifici elementi.

È possibile cambiare lo stile di un elemento HTML inserendo le proprietà CSS nell'attributo **style** del tag di apertura dell'elemento. Dai un'occhiata ai seguenti esempi:

 Il mio primo paragrafo 

 Il mio secondo paragrafo 

 Il mio terzo paragrafo 

La prima proprietà rende il testo del paragrafo di colore blu, mentre la seconda imposta il font del paragrafo in corsivo. La terza proprietà combina le due precedenti facendo sì che il testo nel terzo paragrafo sia in corsivo e di colore blu.

L'ultimo punto e virgola in una serie di proprietà CSS non è obbligatorio, ma per coerenza e uniformità è buona norma inserirlo, anche perché potremmo dover aggiungere in un secondo momento altre proprietà CSS a quelle già esistenti. In ogni caso, i punti e virgola sono necessari solo per separare le proprietà all'interno di blocchi di proprietà CSS.

Un'alternativa all'uso dell'attributo **style** consiste nell'inserire un insieme di regole CSS in una sezione separata, solitamente nell'elemento **<head>**. Ciò consente di separare la struttura di una pagina web dalla sua presentazione grafica e di evitare di specificare troppe proprietà CSS nell'attributo **style** di un elemento, incorrendo in errori. Inoltre, poiché molti elementi hanno un identico stile, permette di evitare di riscrivere più volte le stesse proprietà (quindi, ancora una volta, meno errori e più ordine!).

Una regola CSS segue la seguente sintassi:

Selettore_CSS {

  Proprietà1: valore;

  Proprietà2: valore;

  ProprietàN: valore;

  }

Come vedremo tra poco, un *selettore CSS* è uno specifico *pattern* utilizzato per selezionare l'elemento o gli elementi a cui si desidera applicare uno stile. Le regole CSS vengono inserite solitamente nella sezione **<head>** del documento all'interno dei tag **<style>** e **</style>**. Inoltre, è anche possibile specificare per quale *media* (ad esempio schermi di computer o supporti di stampa) sono scritte tali regole utilizzando l'attributo **type** del tag **<style>**: questo rappresenta il tipo di media, noto anche come *MIME type*, e il valore predefinito è **text/css**.

Un esempio è il seguente:

```
<style type="text/css">

  p {

    color: blue;

    font-style: italic;

  }

</style>
```

In questo esempio, **p** è un selettore CSS che applica le proprietà **color: blue;** e **font-style: italic;** a tutti i paragrafi (nello specifico è un *selettore di tipo* e lo analizzeremo in dettaglio nel prossimo paragrafo).

Le proprietà specificate nell'attributo **style** sovrascrivono le proprietà definite nell'elemento **<style>**.

È anche possibile inserire le regole CSS in un foglio di stile esterno: questo dovrà contenere solamente un insieme di regole che saranno poi applicate in sequenza. Un foglio di stile esterno può essere condiviso da più documenti, consentendo una maggiore manutenibilità ed evitando di dover riscrivere le stesse regole per più pagine web. Essendo memorizzato nella cache del browser, inoltre garantirà anche caricamenti più rapidi. Per collegare un foglio di stile esterno a una pagina HTML, è necessario utilizzare l'elemento **<link>** nella sezione **<head>** del documento:

```
<link href="style.css" rel="stylesheet">
```

L'elemento **<link>** viene utilizzato per definire la relazione tra una risorsa esterna e una pagina HTML. L'attributo **href** specifica la posizione della risorsa esterna (nell'esempio qui sopra il file **style.css** nella stessa cartella del documento) e l'attributo obbligatorio **rel** che specifica la relazione tra la risorsa esterna e la pagina HTML (per un foglio di stile esterno il valore è **stylesheet**). L'attributo **media** dell'elemento **<link>** può essere utilizzato per specificare per quale *media* sono scritte le regole CSS (ad esempio schermi di computer o supporti di stampa). L'elemento **<link>** è un elemento void e non ha tag di chiusura.

Le proprietà specificate nell'attributo **style** sovrascrivono le proprietà definite in un foglio di stile esterno.

Prima di iniziare ad analizzare in dettaglio i selettori, vediamo come inserire dei commenti nel codice CSS. Un commento su una o più righe viene sempre inserito tra **/\*** e **\*/**. Come si può vedere nell'esempio qui sotto, è possibile utilizzare i commenti per spiegare una regola o una proprietà CSS, ma anche per evitare di applicare particolari regole o proprietà CSS definite in precedenza.

```
<style type="text/css">

  p {

    /* color: blue; */

    font-style: italic; /* il testo dei paragrafi è in corsivo */

  }

</style>
```

# Selettori CSS

I selettori CSS vengono utilizzati per selezionare l'elemento o gli elementi a cui si desidera applicare un particolare stile. Esistono diversi tipi di selettori e i più comuni sono:

- **Selettore di tipo**: viene utilizzato per selezionare uno o più elementi in base al nome del tag - è necessario indicare il nome del tag dell'elemento o degli elementi a cui si vuole applicare lo stile (ad esempio **p**, **h1**, **div**, **a** e così via)

  ```
  p {

    color: green;

    /* La regola viene applicata a tutti gli elementi <p> */

  }
  ```

```
ol {
    color: green;
    /* La regola viene applicata a tutti gli elementi <ol> */
}
```

- **Selettore di ID**: viene utilizzato per selezionare un elemento in base all'attributo **id** - è necessario indicare l'identificativo dell'elemento a cui si vuole applicare lo stile preceduto dal carattere cancelletto (**#**)

```
#id_p {
    color: green;
    /* La regola viene applicata all'elemento con id pari a id_p */
}
```

- **Selettore di classe**: viene utilizzato per selezionare uno o più elementi in base all'attributo **class** - è necessario indicare il nome della classe dell'elemento o degli elementi a cui si vuole applicare lo stile preceduto da un punto (**.**)

```
.c_green {
    color: green;
    /* La regola viene applicata a tutti gli elementi con classe
        c_green */
}
```

```
h2.c_green {
    color: green;
    /* La regola viene applicata a tutti gli elementi <h2>
        con classe c_green */
}
```

```
.c_special.c_green {

    color: green;

    /* La regola viene applicata a tutti gli elementi con entrambe le

        classi c_special e c_green */

}
```

- **Selettore discendente**: viene utilizzato per selezionare tutti gli elementi che discendono da uno specifico elemento - è necessario specificare un primo selettore (*l'antenato*) seguito da un secondo selettore (*il discendente*) separati da uno spazio

```
#div_id ul {

    color: green;

    /* La regola viene applicata a tutti gli elementi <ul> che

        discendono dall'elemento con id pari a div_id */

}

div.c_green p {

    color: green;

    /* La regola viene applicata a tutti gli elementi <p> che

        discendono dagli elementi <div> con classe c_green */

}

.c_green p {

    color: green;

    /* La regola viene applicata a tutti gli elementi <p> che

        discendono dagli elementi con classe c_green */

}
```

```
.c_special .c_green {

    color: green;

    /* La regola viene applicata a tutti gli elementi con classe

        c_green che discendono dagli elementi con classe c_special */

}
```

È possibile raggruppare più selettori CSS separandoli con virgole, come nell'esempio seguente:

```
#div_id ul, p {

    color: green;

    /* La regola viene applicata a tutti gli elementi <ul> che discendono

        dall'elemento con id pari a div_id e a tutti gli elementi <p> */

}
```

È anche possibile aggiungere una pseudo-classe a un selettore per specificare un particolare stato dell'elemento selezionato (ad esempio **:focus** per indicare quando un elemento ha il focus o **:hover** per indicare quando il mouse passa sopra un elemento). Una pseudo-classe viene normalmente utilizzata con elementi che possono avere stati dinamici come link ed elementi di un form. Un esempio è il seguente:

```
a:hover {

    color: green;

    /* La regola viene applicata a tutti gli elementi <a> quando il puntatore

        del mouse è sopra di essi */

}
```

Infine, è anche possibile definire lo stile di un elemento HTML che ha uno specifico attributo utilizzando **[nome_attributo]** dopo il tipo di elemento; per definire, invece, lo stile di un elemento HTML il cui attributo **nome_attributo** ha un determinato valore, si può utilizzare

**[nome_attributo="valore"]** dopo il tipo di elemento. Ad esempio, le regole CSS qui sotto rendono giallo il colore di sfondo degli elementi **<input>** abilitati che hanno attributo **type** impostato su **text** e rendono grigio il colore di sfondo degli elementi **<input>** disabilitati che hanno attributo **type** impostato su **text** (**:enabled** e **:disabled** sono altre due pseudo-classi piuttosto comuni).

```
input[type=text]:enabled {

    background-color: yellow;

}

input[type=text]:disabled {

    background-color: grey;

}
```

I selettori CSS discussi finora sono i più comuni, nonché quelli che inizierai a usare fin da subito nella creazione delle tue pagine web. Puoi quindi iniziare a combinare insieme codice HTML e codice CSS creando semplici documenti con più elementi e applicando loro un particolare stile.

Alcune considerazioni finali:

- Se un elemento ha corrispondenza con due o più regole, a tale elemento verrà applicata la regola del selettore CSS con la specificità più elevata secondo il seguente ordine di priorità: stile inline (priorità più alta), ID, classe e tipo di elemento (priorità più bassa) - questo è l'ordine da ricordare nel caso di semplici selettori CSS come quelli che troverai in questo libro

- Se un elemento ha corrispondenza con due o più regole ugualmente specifiche, a tale elemento verrà applicata l'ultima regola

- La parola chiave **!important** può essere aggiunta dopo una proprietà CSS per uno specifico elemento per fare in modo che tale proprietà abbia la precedenza su tutte le altre dichiarazioni della stessa proprietà CSS che hanno come target lo stesso elemento

- È possibile utilizzare il carattere **\*** come selettore di tipo: tale carattere indica tutti gli elementi della pagina HTML

- Quando si definiscono i selettori discendenti, è possibile specificare più livelli di discendenza

- La regola CSS di un elemento padre viene applicata automaticamente a tutti i suoi elementi figlio - se non si desidera tale comportamento, è necessario scrivere regole specifiche per gli elementi figlio che modifichino quelle ereditate dall'elemento padre - ad esempio, se si crea una pagina HTML con un'intestazione e un paragrafo e si definisce una regola CSS per l'elemento **<body>** che ne imposta la proprietà **color**, questa regola si applicherà anche all'intestazione e al paragrafo (ricorda di far sempre riferimento alla definizione di ciascuna proprietà CSS per controllare se eredita il valore calcolato dell'elemento padre per impostazione predefinita o se viene impostata al suo valore iniziale).

# Unità di misura

Le unità di misura sono utilizzate per indicare distanze e dimensioni. Quando specificate, non deve essere lasciato alcuno spazio tra il numero e l'unità. Con 0 è anche possibile non indicare l'unità di misura.

Le *unità di misura assolute* sono fisse, ovvero non relative a qualcos'altro. Alcuni esempi sono:

- **cm**: centimetri

- **mm**: millimetri

- **in**: pollici - 1in = 2.54cm = 96px

- **px**: pixel - 1px = 1/96th di 1in - il rapporto tra pollici e pixel dipende dal dispositivo utilizzato (può variare, ad esempio, per schermi ad alta risoluzione)

- **pt**: punti - 1pt = 1/72 di 1in

Le *unità di misura relative* non sono fisse, ma relative a qualcos'altro. Sono calcolate dinamicamente e consentono di creare layout adattabili modificando solo una dimensione (sono utili nel *responsive design*). Alcuni esempi sono:

- **rem**: il valore è relativo alla dimensione del font dell'elemento radice (l'elemento **<html>**) - per impostazione predefinita, la maggior parte dei browser utilizza un valore di 16px come dimensione del font dell'elemento radice

- **em**: il valore è relativo alla proprietà **font-size** dell'elemento padre o di quello *più prossimo* all'elemento quando utilizzato sulla proprietà **font-size** di un elemento, ed è relativo alla proprietà **font-size** dell'elemento stesso quando utilizzato su altre proprietà dell'elemento

- **%**: il valore è normalmente relativo all'elemento padre

- **vw**: il valore è relativo all'1% della larghezza della *viewport*

- **vh**: il valore è relativo all'1% dell'altezza della *viewport*

# Proprietà CSS

Esistono molte proprietà CSS che possono essere impostate sui diversi elementi HTML. Nei prossimi paragrafi analizzeremo le più comuni mostrandone alcuni valori di esempio e, alla fine, creeremo una pagina di test che riassumerà tutte le proprietà CSS viste e mostrerà quanto HTML e CSS siano collegati tra loro.

## Come impostare i colori

La proprietà **color** viene utilizzata per specificare il colore del testo di un elemento. Alcuni valori d'esempio sono mostrati nella seguente tabella:

| Proprietà CSS | Valori d'esempio |
|---|---|
| Color | red \| rgb(255,0,0) \| #FF0000 |
| | green \| rgb(0,255,0) \| #00FF00 |
| | blue \| rgb(0,0,255) \| #0000FF |
| | black \| rgb(0,0,0) \| #000000 |
| | white \| rgb(255,255,255) \| #FFFFFF |

Come si può notare, un colore può essere specificato in più modi:

- Nome del colore: ad esempio, **red**, **blue**, **yellow** e così via

- Valore di colore RGB: ad esempio, **rgb(255,0,0)** - la sintassi da utilizzare è rgb(rosso,verde,blu) dove ogni componente di colore (rosso, verde e blu) specifica l'intensità di quel colore e può essere un numero binario a otto bit (normalmente un numero intero da 0 a 255) o un valore percentuale (da 0% a 100%)

- Valore di colore esadecimale: ad esempio, **#FF0000** - la sintassi da utilizzare è #RRGGBB dove ogni componente di colore (RR per rosso, GG per verde e BB per blu) specifica l'intensità di quel colore ed è un valore esadecimale a due cifre compreso tra 00 e FF (00 corrisponde a 0 e FF corrisponde a 255) - se una componente ha due cifre identiche, la seconda può essere omessa

È anche possibile aggiungere l'opacità del colore in questi due modi:

- Si può utilizzare il valore di colore RGBA, che è simile al valore di colore RGB, ma con una quarta componente (il canale alfa) che indica l'opacità del colore ed è un numero compreso tra 0 (completamente trasparente) e 1 (completamente opaco) - ad esempio **rgba(255,0,0,0.5)**

- Si possono aggiungere alla notazione esadecimale altre due cifre comprese tra 00 e FF che definiscono l'opacità del colore - ad esempio **#FF000080**

# Come cambiare font

Nel linguaggio CSS è possibile modificare il font del testo impostando diverse proprietà:

- **font-style**: è una proprietà utilizzata per specificare lo stile del carattere di un testo di un elemento HTML - il valore predefinito è **normal** che imposta un carattere normale, ma è anche possibile specificare **italic** per utilizzare un carattere corsivo e **oblique** per utilizzare un carattere obliquo

- **font-variant**: è una proprietà utilizzata per impostare le varianti di font, ovvero per specificare se un testo deve essere visualizzato in un font normale (**normal** - valore predefinito) o in una variante del font (ad esempio **small-caps** per maiuscoletto) - in CSS3 questa proprietà è una *proprietà scorciatoia* (shorthand property) per altre proprietà CSS

- **font-weight**: è una proprietà utilizzata per specificare il *peso* (lo spessore) di un font, peso che dipende dalla proprietà **font-family** indicata - è possibile utilizzare **normal** per un valore normale, **bold** per grassetto e **bolder** o **lighter** per rendere il font più pesante o più leggero rispetto a quello dell'elemento padre - il peso del font può anche essere specificato come un numero compreso tra 1 e 1000 incluso, dove i numeri più alti indicano un peso del font maggiore (i valori numerici accettati sono 100, 200, 300, 400, 500, 600, 700, 800 e 900 e se viene specificato un altro valore, questo verrà tradotto in uno dei valori accettati)

- **font-stretch**: è una proprietà utilizzata per specificare un tipo di carattere normale, condensato o espanso (è nuova in CSS3) - è possibile utilizzare come valore sia una parola chiave come **normal** (per non avere alcun allungamento del carattere - valore predefinito), **condensed** (per carattere condensato) ed **expanded** (per carattere espanso) sia una percentuale tra il 50% e il 200% inclusi - questa proprietà ha effetto solo se il font offre tipi di carattere condensati o espansi

- **font-size**: è una proprietà utilizzata per specificare la dimensione del carattere di un elemento - oltre alle unità principali viste in precedenza, come ad esempio **px**, **cm** e **%**, è possibile specificare altri *valori di dimensione assoluti* basati sulla dimensione predefinita del carattere dell'utente, come ad esempio **medium** (valore predefinito), **x-small**, **small**, **large** o **xx-large**, e altri *valori di dimensione relativi* come **larger** o **smaller** per impostare il carattere più grande o più piccolo rispetto a quello dell'elemento padre

- **line-height**: è una proprietà utilizzata per specificare l'altezza di una riga e per impostare la distanza tra le righe di testo - oltre alle unità principali viste in precedenza, come ad esempio **em**, **px** e **%**, è possibile utilizzare anche un valore senza unità che viene moltiplicato per la dimensione corrente del carattere per impostare l'altezza della riga

- **font-family**: è una proprietà utilizzata per specificare uno o più nomi di famiglie di font specifici o generici separati da virgole - viene utilizzato il primo font disponibile nell'elenco (è buona norma includere sempre almeno un nome di famiglia generico) - se un nome di font contiene spazi vuoti, deve essere racchiuso tra virgolette

La seguente tabella riassume le proprietà CSS analizzate finora e ne mostra alcuni valori di esempio:

| Proprietà CSS | Valori d'esempio |
|:---:|:---:|
| font-style | normal \| italic \| oblique |
| font-variant | normal \| small-caps \| all-small-caps |
| font-weight | normal \| bold<br><br>bolder \| lighter<br><br>100 \| 300 \| 600 \| 900 |
| font-stretch | normal \| condensed \| expanded<br><br>50% \| 100% \| 200% |
| font-size | x-small \| small \| medium \| large \| x-large<br><br>smaller \| larger<br><br>24px \| 90% |
| line-height | normal \| 3.5 \| 2em \| 80% |
| font-family | sans-serif \| serif<br><br>"DejaVu Sans", sans-serif |

Se si desidera impostare più proprietà in una volta sola, è possibile utilizzare la *proprietà scorciatoia* **font**. Si possono iniziare a scrivere i valori delle singole proprietà di **font** seguendo l'ordine delle proprietà specificate nella tabella qui sopra, avendo cura di rispettare le seguenti regole:

- **font** deve includere valori per **font-size** e **font-family** (le altre proprietà sono facoltative)

- **font-style**, **font-variant** e **font-weight** devono precedere **font-size**

- **font-variant** può avere come valore solo **normal** e **small-caps**

- **font-stretch** può avere come valore una singola parola chiave

- **line-height** deve seguire **font-size** - le due proprietà devono inoltre essere separate dal carattere **/**

- **font-family** deve essere l'ultima proprietà

Un esempio è il seguente:

font: italic bold 16px/2 "DejaVu Sans", sans-serif";

Questa proprietà è equivalente a:

font-style: italic; font-weight: bold; font-size: 16px; line-height: 2; font-family: "DejaVu Sans", sans-serif";

Infine, **font** può anche essere specificato come parola chiave di sistema; ad esempio è possibile utilizzare **caption** per il font di sistema delle didascalie dei controlli o **menu** per il font di sistema dei menu.

# Come decorare il testo

La proprietà **text-decoration** viene utilizzata per impostare la decorazione del testo ed è una *scorciatoia* per:

- **text-decoration-line**: è una proprietà utilizzata per specificare il tipo di decorazione (ad esempio **none** - valore predefinito - per non utilizzare alcuna linea di decorazione, **underline** per mostrare una linea sotto il testo, **overline** per mostrare una linea sopra il testo e **line-through** per mostrare una linea sul testo)

- **text-decoration-color**: è una proprietà utilizzata per specificare il colore della linea di decorazione (è possibile usare i valori di colore analizzati nei precedenti paragrafi)

- **text-decoration-style**: è una proprietà utilizzata per specificare lo stile della linea di decorazione (ad esempio **solid** - valore predefinito - per una linea singola, **dotted** per una linea tratteggiata e **double** per una linea doppia)

- **text-decoration-thickness**: è una proprietà utilizzata per specificare lo spessore della linea di decorazione (ad esempio un valore percentuale)

Un esempio è il seguente:

text-decoration: underline red double 20%;

Questa proprietà è equivalente a:

text-decoration-line: underline; text-decoration-color: red; text-decoration-style: double; text-decoration-thickness: 20%;

# Come cambiare lo stile di un elenco

La proprietà **list-style** viene utilizzata per impostare tutte le proprietà di stile di un elenco ed è una *scorciatoia* per:

- **list-style-type**: è una proprietà utilizzata per specificare il tipo di marcatore degli elementi dell'elenco (ad esempio **disc** - valore predefinito - per un cerchio nero, **square** per un quadratino nero e **decimal** per un numero)

- **list-style-position**: è una proprietà utilizzata per specificare la posizione del marcatore (ad esempio **outside** - valore predefinito - se il marcatore è posizionato all'esterno rispetto agli elementi dell'elenco e **inside** se il marcatore è parte integrante del testo degli elementi dell'elenco)

- **list-style-image**: è una proprietà utilizzata per specificare una immagine per il marcatore (ad esempio **none** - valore predefinito - per non mostrare alcuna immagine e **url** per specificare l'URL di una immagine) - se l'immagine non è disponibile, viene utilizzata la proprietà **list-style-type**

Un esempio è il seguente:

list-style: square outside url("my_square.gif");

Questa proprietà è equivalente a:

list-style-type: square; list-style-position: outside; list-style-image: url("my_square.gif");

# Come cambiare i bordi

La proprietà **border** viene utilizzata per impostare il bordo di un elemento ed è una *scorciatoia* per:

- **border-width**: è una proprietà utilizzata per impostare la larghezza del bordo (ad esempio **medium** - valore predefinito - per un bordo di larghezza media, **thin** per un bordo sottile, **thick** per un bordo spesso, **10px**, **20px**, **50%** e **75%**)

- **border-style**: è una proprietà utilizzata per impostare lo stile del bordo (ad esempio **none -** valore predefinito - per non impostare alcun bordo, **solid** per un bordo a linea continua e **dashed** per un bordo tratteggiato)

- **border-color**: è una proprietà utilizzata per impostare il colore del bordo (è possibile usare i valori di colore visti in precedenza) - se omessa, il colore utilizzato è il colore del testo

Un esempio è il seguente:

border: 3px solid red;

Questa proprietà è equivalente a:

border-width: 3px; border-style: solid; border-color: red;

Per ciascuna di queste tre proprietà, è possibile specificare fino a quattro valori. Quando viene specificato un solo valore, questo si riferisce a tutti e quattro i bordi, quando vengono specificati due valori, il primo si riferisce ai bordi superiore e inferiore e il secondo ai bordi di sinistra e di destra, quando vengono specificati tre valori, il primo si riferisce al bordo superiore, il secondo ai bordi di sinistra e di destra e il terzo al bordo inferiore, e quando vengono specificati quattro valori, questi si riferiscono rispettivamente al bordo superiore, di destra, inferiore e di sinistra (in senso orario). Pertanto, **border-width** è una *scorciatoia* per **border-top-width**, **border-right-width**, **border-bottom-width** e **border-left-width**; **border-style** è una *scorciatoia* per **border-top-style**, **border-right-style**, **border-bottom-style** e **border-left-style** e **border-color** è una *scorciatoia* per **border-top-color**, **border-right-color**, **border-bottom-color** e **border-left-color**.

Un esempio è il seguente:

border-width: 3px 5x; border-style: solid double dashed; border-color: green;

Questa proprietà è equivalente a:

border-top-width: 3px; border-bottom-width: 3px; border-left-width: 5px; border-right-width: 5px; border-top-style: solid; border-left-style: double; border-right-style: double; border-bottom-style: dashed; border-top-color: green; border-bottom-color: green; border-left-color: green; border-right-color: green;

La proprietà **border** è particolarmente utile quando tutti e quattro i bordi sono uguali. Altrimenti, per impostare ogni bordo, si possono utilizzare le proprietà **border-top**, **border-right**, **border-bottom** e **border-left** che, a loro volta, sono *scorciatoie* per le proprietà che impostano la larghezza, lo stile e il colore di ogni bordo (**border-top** è una *scorciatoia* per **border-**

**top-width**, **border-top-style** e **border-top-color** - **border-right** è una *scorciatoia* per **border-right-width**, **border-right-style** e **border-right-color** - **border-bottom** è una *scorciatoia* per **border-bottom-width**, **border-bottom-style** e **border-bottom-color** - **border-left** è una *scorciatoia* per **border-left-width**, **border-left-style** e **border-left-color**).

È quindi possibile riscrivere il precedente esempio anche in questo modo:

border-top: 3px solid green; border-right: 5px double green; border-bottom: 3px dashed green; border-left: 5px double green;

Come si può notare, uno stesso risultato può essere ottenuto in più modi, sia impostando le singole proprietà sia utilizzando le *proprietà scorciatoia*. La tabella qui sotto riportata mostra un riepilogo delle *proprietà scorciatoia* analizzate all'interno del paragrafo:

| border-width | border-style | border-color |
|---|---|---|

Proprietà scorciatoia per

| | Proprietà scorciatoia per | border-width | border-style | border-color |
|---|---|---|---|---|
| border-top | | border-top-width | border-top-style | border-top-color |
| border-right | | border-right-width | border-right-style | border-right-color |
| border-bottom | | border-bottom-width | border-bottom-style | border-bottom-color |
| border-left | | border-left-width | border-left-style | border-left-color |

# Come cambiare lo sfondo

La proprietà **background** viene utilizzata per impostare tutte le proprietà di stile riguardanti lo sfondo ed è una *scorciatoia* per:

- **background-color**: è una proprietà utilizzata per impostare il colore di sfondo di un elemento (è possibile usare i valori di colore visti in precedenza)

- **background-image**: è una proprietà utilizzata per impostare una o più immagini di sfondo di un elemento separate da virgole (ad esempio **none** - valore predefinito - per non impostare alcuna immagine e **url('URL')** per specificare l'URL di un'immagine) - se un'immagine non è disponibile, viene utilizzato il colore indicato

- **background-position**: è una proprietà utilizzata per specificare la posizione iniziale dell'immagine di sfondo - esistono diversi modi per indicare una posizione:

  o Si possono usare i valori **left**, **right**, **top**, **bottom** e **center**, tenendo presente che **left top** (valore predefinito) indica l'angolo in alto a sinistra, **right bottom** l'angolo in basso a destra, e che se si specifica solo un valore l'altro è **center**

  o Si possono usare valori percentuali come, ad esempio, **20% 30%** dove il primo valore rappresenta la posizione orizzontale e il secondo valore la posizione verticale – l'angolo in alto a sinistra è 0% 0%, mentre l'angolo in basso a destra è 100% 100% - se si specifica solo un valore l'altro è 50%

  o Si possono usare valori di posizione come, ad esempio, **20px 30px** dove il primo valore rappresenta la posizione orizzontale e il secondo valore la posizione verticale – l'angolo in alto a sinistra è 0 0 e se si specifica solo un valore l'altro è 50% - i valori di posizione possono essere mescolati con i valori percentuali

- **background-size**: è una proprietà utilizzata per specificare la dimensione dell'immagine di sfondo - si può usare la parola chiave **auto** (valore predefinito) che imposta la dimensione originale dell'immagine oppure è possibile specificare uno o due valori che impostano rispettivamente la larghezza e l'altezza dell'immagine (larghezza e altezza possono anche essere indicate come valori percentuali e se viene fornito un solo valore, il secondo è **auto**)

- **background-repeat**: è una proprietà utilizzata per specificare come deve essere ripetuta/replicata l'immagine di sfondo (ad esempio **repeat** - valore predefinito - per ripetere l'immagine sia verticalmente sia orizzontalmente, **repeat-x** per ripetere l'immagine orizzontalmente, **repeat-y** per ripetere l'immagine verticalmente e **no-repeat** per non ripetere l'immagine)

- **background-origin**: è una proprietà utilizzata per specificare l'area di posizionamento dell'immagine di sfondo (ad esempio **padding-box** - valore predefinito - per posizionare l'immagine rispetto all'area di padding, **border-box** per posizionare l'immagine rispetto al bordo e **content-box** per posizionare l'immagine rispetto al contenuto) - **background-origin** viene ignorata quando **background-attachment** ha valore **fixed**

- **background-clip**: è una proprietà utilizzata per specificare come deve essere esteso lo sfondo (ad esempio **border-box** - valore predefinito - per estendere lo sfondo fino alla linea esterna del bordo, **padding-box** per estendere lo sfondo fino al limite esterno del padding, **content-box** per estendere lo sfondo fino al bordo del contenuto e **text** per ritagliare uno sfondo al testo)

- **background-attachment**: è una proprietà utilizzata per specificare se la posizione dell'immagine di sfondo è fissa o scorre con la pagina (ad esempio **scroll** - valore predefinito - per far scorrere l'immagine di sfondo con la pagina, **local** per far scorrere l'immagine di sfondo con il contenuto dell'elemento e **fixed** per non far scorrere l'immagine di sfondo)

Un esempio è il seguente:

background: red url("image.jpg") repeat-x center;

Questa proprietà è equivalente a:

background-color: red; background-image: url("image.jpg"); background-repeat: repeat-x; background-position: center;

Con la proprietà **background**, se si desidera specificare la dimensione dell'immagine di sfondo usando **background-size**, è necessario separare quest'ultima proprietà da **background-position** tramite uno **/**.

Infine, è anche possibile specificare più livelli di sfondo separati da virgole, ognuno dei quali avrà le sue proprietà; in questo scenario, la proprietà **background-color** deve però essere inclusa nell'ultimo livello.

## Come cambiare la larghezza

La proprietà **width** viene utilizzata per impostare la larghezza di un elemento (esclusi padding, bordi e margini). Il valore predefinito è **auto**, il che significa che viene calcolato dal browser; in alternativa, è possibile utilizzare le unità di misura viste in precedenza (ad esempio **20px**, **50%** o **15em**).

## Come cambiare i margini

La proprietà **margin** viene utilizzata per specificare i margini di un elemento (in breve, l'area esterna che separa l'elemento dagli elementi vicini). È una *scorciatoia* per:

- **margin-top**: è una proprietà utilizzata per specificare il margine superiore di un elemento (ad esempio in px, cm, % o con la parola chiave **auto**) - il valore predefinito è 0px

- **margin-right**: è una proprietà utilizzata per specificare il margine destro di un elemento (ad esempio in px, cm, % o con la parola chiave **auto**) - il valore predefinito è 0px

- **margin-bottom**: è una proprietà utilizzata per specificare il margine inferiore di un elemento (ad esempio in px, cm, % o con la parola chiave **auto**) - il valore predefinito è 0px

- **margin-left**: è una proprietà utilizzata per specificare il margine sinistro di un elemento (ad esempio in px, cm, % o con la parola chiave **auto**) - il valore predefinito è 0px

La parola chiave **auto** indica al browser di determinare automaticamente il valore del margine a cui fa riferimento.

Come per la proprietà **border**, è possibile specificare uno, due, tre o quattro valori (possono anche essere negativi).

Un esempio è il seguente:

margin: 10px 20px 30px 5px;

Questa proprietà è equivalente a:

margin-top: 10px; margin-right: 20px; margin-bottom: 30px; margin-left: 5px;

Per centrare orizzontalmente un elemento con larghezza fissa, è possibile utilizzare come margine sinistro e destro la parola chiave **auto** (ad esempio margin: 5px auto;).

# Come cambiare il padding

La proprietà **padding** viene utilizzata per specificare l'area di padding su tutti e quattro i lati di un elemento (in breve, l'area tra il contenuto e il bordo). È una *scorciatoia* per:

- **padding-top**: è una proprietà utilizzata per specificare il padding sul lato superiore di un elemento (ad esempio in px, cm o %) - il valore predefinito è 0px

- **margin-right**: è una proprietà utilizzata per specificare il padding sul lato destro di un elemento (ad esempio in px, cm o %) - il valore predefinito è 0px

- **margin-bottom**: è una proprietà utilizzata per specificare il padding sul lato inferiore di un elemento (ad esempio in px, cm o %) - il valore predefinito è 0px

- **margin-left**: è una proprietà utilizzata per specificare il padding sul lato sinistro di un elemento (ad esempio in px, cm o %) - il valore predefinito è 0px

Come per le proprietà **border** e **margin**, è possibile specificare uno, due, tre o quattro valori, ma questi non possono essere negativi.

Un esempio è il seguente:

padding: 20px 10px 5px 50px;

Questa proprietà è equivalente a:

padding-top: 20px; padding-right: 10px; padding-bottom: 5px; padding-left: 50px;

# Esempio conclusivo

Per mettere in pratica quanto visto finora, possiamo creare una semplice pagina web contenente sia il codice HTML che definisce la struttura della pagina sia il codice CSS che definisce lo stile dei diversi elementi. La descrizione di ogni regola CSS si trova nel commento prima della regola stessa.

```
<!DOCTYPE html>

<html>

<head>

    <title> Una semplice pagina HTML </title>

    <style>

    /* La regola viene applicata all'elemento con id pari a id_h1 */

    #id_h1{

        color: purple;

    }

    /* La regola viene applicata a tutti gli elementi con classe back */

    .back{

        background-color: greenyellow;

    }

    /* La regola viene applicata a tutti gli elementi con classe blue */

    .blue{

        color: blue;

    }

    /* La regola viene applicata a tutti gli elementi <p> che discendono

        dall'elemento con attributo id pari a id_div1 */

    #id_div1 p{

        font-style: italic;

        font-weight: bold;

    }

    /* La regola viene applicata a tutti gli elementi con classe font_border */

    .font_border {

        font-family: Arial, Helvetica, sans-serif;
```

```css
        border: 5px double blue;
}
/* La regola viene applicata a tutti gli elementi con classe underline
    che discendono dall'elemento con attributo id pari a id_div2 */
#id_div2 .underline{
    text-decoration: underline red 50%;
}
/* La regola viene applicata a tutti gli elementi con classe underline */
    .underline{
    text-decoration: underline;
}
/* La regola viene applicata a tutti gli elementi <ul> */
ul{
    border: 2px dashed cyan;
    list-style-type: circle;
}
/* La regola viene applicata all'elemento con attributo id
    pari a list_ul1 */
#list_ul1{
    margin: 50px 15px 30px 80px;
}
/* La regola viene applicata all'elemento con attributo id
    pari a list_ul2 */
#list_ul2{
    padding: 50px 20px 10px 60px;
}
```

```
    /* La regola viene applicata ai link visitati */

    a:visited {

        color: brown;

    }

    /* La regola viene applicata quando il mouse passa sopra un link */

    a:hover {

        color: gold;

        font-size: xx-large;

    }

    </style>

</head>

<body>

    <h1 id="id_h1"> Questa intestazione è viola </h1>

    <p class="back"> Il colore di sfondo di questo paragrafo

    è verde-giallo. </p>

    <p class="font_border"> Questo paragrafo ha un bordo doppio

    di colore blu. Il suo font è Arial. </p>

    <p class="underline blue"> Il testo di questo paragrafo è sottolineato

    e di colore blu. </p>

    <a href="mypagelink.html" target="_blank"> Questo è un link </a>

    <div id="id_div1">

            <h2 class="back"> Il colore di sfondo di questa intestazione è

            verde-giallo </h2>

            <p> Questo paragrafo è in grassetto e in corsivo. </p>

            <p> Questo paragrafo è in grassetto e in corsivo. </p>

            <p class="font_border"> Questo paragrafo ha un bordo
```

doppio di colore blu. Il suo font è Arial e il testo è in
grassetto e in corsivo.  </p>
</div>
<div id="id_div2">
    <h2 class="back"> Il colore di sfondo di questa intestazione è
verde-giallo </h2>
    <p class="underline">Il testo di questo paragrafo è sottolineato
in rosso. </p>
    <ul>
      <li> Questo elenco non ha impostato margini o padding </li>
      <li> Il bordo è tratteggiato in ciano </li>
      <li> Il tipo di marcatore per gli elementi dell'elenco è un
cerchio </li>
    </ul>
    <ul id="list_ul1">
      <li> Questo elenco ha i seguenti margini: 50px (superiore) –
15px (destro) - 30px (inferiore) - 80px (sinistro) </li>
      <li> Il bordo è tratteggiato in ciano </li>
      <li> Il tipo di marcatore per gli elementi dell'elenco è un
cerchio </ul>
    <ul id="list_ul2">
      <li> Questo elenco ha i seguenti valori di padding: 50px
(superiore) - 20px (destro) - 10px (inferiore) - 60px
(sinistro) </li>
      <li> Il bordo è tratteggiato in ciano </li>
      <li> Il tipo di marcatore per gli elementi dell'elenco è un

```
            cerchio </li>
        </ul>
    </div>
</body>
</html>
```

# Come cambiare il normale flusso di posizionamento di un elemento

Ogni elemento in un documento HTML è presentato come una casella rettangolare, posizionata, così come appare nel documento, rispetto al suo elemento padre. Il flusso di posizionamento è dall'alto verso il basso per gli elementi a blocco e da sinistra a destra per gli elementi inline. Se non c'è più spazio, il flusso di posizionamento degli elementi inline prevede la continuazione sulla riga successiva.

È possibile modificare il normale flusso di posizionamento in modo che non sia così semplice e sequenziale come appena descritto. La proprietà **float** consente di rimuovere un elemento dal flusso normale in modo che rimanga flottante sopra gli altri elementi a blocco che lo seguono. Questa proprietà può avere uno dei seguenti valori: **left** per far flottare l'elemento verso sinistra, **right** per far flottare l'elemento verso destra e **none** per non far flottare l'elemento (valore predefinito). Tale elemento viene quindi spostato verso sinistra o verso destra finché non tocca il bordo del suo contenitore o un altro elemento flottante. Il testo e gli elementi inline all'interno del contenitore dell'elemento flottante avvolgono l'elemento flottante stesso.

Ad esempio, è possibile far flottare un'immagine verso destra utilizzando i seguenti codici HTML e CSS:

```
img {
  float: right;
```

```
    width:100px;

    height:100px;

    margin-left:10px;

}
```

<img src="my-image.jpg" alt="immagine di esempio" > <p id="AA"> Ecco un esempio della proprietà float. </p> <p id="BB"> Immagine flottante a destra. </p>

È anche possibile utilizzare la proprietà **float** per fare in modo che più blocchi fratelli condividano lo stesso spazio orizzontale:

```
div {

    margin: 20px;

    width: 150px;

    height: 200px;

}
#A {

    float: left;

    background-color: red;

}
 #B {

    float: left;

    background-color: yellow;

}
#C {

    float: right;

    background-color: blue;

}
```

```
#D {

  float: right;

  background-color: greenyellow;

}
```

`<div id="A" > <p> Primo Div </p> </div>`

`<div id="B" > <p> Secondo Div </p> </div>`

`<div id="C" > <p> Terzo Div </p> </div>`

`<div id="D" > <p> Quarto Div </p> </div>`

Una proprietà CSS strettamente correlata a **float** è **clear** che specifica che l'elemento HTML su cui è impostata deve essere posizionato sotto gli elementi flottanti che lo precedono. In particolare, come valore si può utilizzare **left** per spostare l'elemento sotto qualsiasi elemento flottante a sinistra che lo precede, **right** per spostare l'elemento sotto qualsiasi elemento flottante a destra che lo precede, **both** per spostare l'elemento sotto qualsiasi elemento flottante che lo precede e **none** per non spostare l'elemento sotto gli elementi flottanti che lo precedono (valore predefinito). Il flusso normale di posizionamento sarà poi ripristinato.

Continuando a utilizzare il codice del primo esempio di questo paragrafo, è quindi possibile definire una nuova regola CSS che sposti l'elemento **<p>** con **id** pari a **BB** sotto qualsiasi elemento flottante che lo precede:

```
#BB{

clear: both;

}
```

# Come posizionare un elemento

La proprietà **position** viene utilizzata per specificare il tipo di metodo di posizionamento di un elemento HTML. Di seguito sono riportati i valori che è possibile indicare e, per ognuno di essi, delle brevi porzioni di codice CSS e HTML che ne chiariranno il comportamento:

- **static**: l'elemento viene posizionato in base al normale flusso di posizionamento - valore predefinito

- **relative**: l'elemento viene posizionato in base al normale flusso di posizionamento rispetto alla sua consueta posizione statica, definita dalle proprietà **top**, **right**, **bottom** e **left**

```
p.relative {

  position: relative;

  left: 50px;

  border: 5px solid red;

}
<p> Il mio paragrafo </p>
<p class="relative"> Posizione Relativa </p>
```

- **absolute**: l'elemento viene rimosso dal normale flusso di posizionamento e viene posizionato rispetto al suo antenato più vicino, se presente, o rispetto al corpo del documento, in base a quanto definito dalle proprietà **top**, **right**, **bottom** e **left**

```
div.relative {

  position: relative;

  left: 50px;

  width: 300px;

  height: 200px;

  border: 5px solid red;

}
div.absolute {

  position: absolute;
```

```
    top: 60px;

    right: 0;

    width: 100px;

    height: 100px;

    border: 5px solid green;

    }
```

`<p> Il mio paragrafo </p>`

`<div class="relative"> Posizione Relativa`

    `<div class="absolute"> Posizione Assoluta </div>`

`</div>`

- **fixed**: l'elemento viene rimosso dal normale flusso di posizionamento e viene posizionato rispetto alla *viewport* (area di visualizzazione), in base a quanto definito dalle proprietà **top**, **right**, **bottom** e **left** - il posizionamento non è influenzato dallo scrolling dell'utente

```
p.fixed {

    position: fixed;

    top: 0;

    left: 0;

    width: 100px;

    border: 5px solid yellow;

    }
```

`<p class="fixed"> Posizione Fissa </p>`

- **sticky**: l'elemento viene posizionato secondo il normale flusso di posizionamento in base allo scroll dell'utente - il valore viene considerato come **relative** finché non viene raggiunta una specifica posizione di offset nella *viewport* (definita dalle proprietà **top**, **right**,

**bottom** e **left**); da quel punto in poi il valore viene considerato **fixed**

```
div.sticky {
    position: sticky;
    top: 20px;
    padding: 5px;
    border: 5px solid purple;
}
<p> Il mio paragrafo </p>
<div class="sticky"> Sticky!!! </div>
<div style="padding-bottom:6000px">
    <p> Il mio nuovo paragrafo </p>
    <p> Un nuovo paragrafo </p>
</div>
```

# Come visualizzare un elemento

La proprietà **display** viene utilizzata per specificare come verrà visualizzato un elemento.

Esistono più valori per questa proprietà, tra cui:

- **none**: viene utilizzato per non visualizzare un elemento

- **inline**: viene utilizzato per visualizzare un elemento come un elemento inline - le proprietà **height** e **width** vengono ignorate

- **block**: viene utilizzato per visualizzare un elemento come un elemento a blocco

- **inline-block**: viene utilizzato per visualizzare un elemento come un contenitore a blocco a livello inline, ovvero un elemento formattato come un elemento inline, ma a cui possono essere applicate le proprietà **height** e **width**

- **flex**: viene utilizzato per visualizzare un elemento come un contenitore flessibile (*flex container*) a livello di blocco

- **inline-flex**: viene utilizzato per visualizzare un elemento come un contenitore flessibile (*flex container*) a livello inline

- **grid**: viene utilizzato per visualizzare un elemento come un contenitore di tipo griglia a livello di blocco

- **inline-grid**: viene utilizzato per visualizzare un elemento come un contenitore di tipo griglia a livello inline

Ad esempio, è possibile utilizzare le seguenti porzioni di codice HTML e CSS per visualizzare l'elemento **<strong>** all'interno del **<div>** con attributo **id** pari a **my_div** come un elemento a blocco:

```
#my_div strong {
  display: block;
}
```

```
<div id="my_div">
  <p> Questo è un <strong> nuovo paragrafo. </strong> </p>
</div>
```

Un altro esempio è il seguente, che sfrutta il *modello flexbox*, in base al quale gli elementi a blocco all'interno di un contenitore vengono posizionati uno accanto all'altro, come se fossero colonne in una riga di una tabella:

```
.flexbox {
  display: flex;
}
```

```
.n_div {

border: 2px solid red;

}
<div class="flexbox">
  <div class="n_div"> Primo Contenitore </div>
  <div class="n_div"> Secondo Contenitore </div>
  <div class="n_div"> Terzo Contenitore </div>
</div>
```

# Siti web responsive

Un sito web deve essere visualizzato correttamente su un qualunque dispositivo, sia esso uno smartphone, un tablet, un laptop o un PC desktop. In breve, deve essere *responsive*, ovvero scalabile e in grado di adattarsi alle dimensioni del display su cui viene visualizzato (ogni dispositivo ha una risoluzione diversa!), evitando di dover ridimensionare continuamente le pagine durante la lettura dei contenuti.

Per avere un design diverso per ogni dispositivo, si utilizzano le cosiddette *media query*, ovvero speciali dichiarazioni CSS che identificano un dispositivo o una delle sue caratteristiche e impostano un particolare stile. Con le *media query*, ad esempio, si possono gestire comportamenti diversi in base alla risoluzione del dispositivo, all'orientamento, alla dimensione della viewport e al tipo di *media*, creando stili diversi per dispositivi diversi (ad esempio desktop e smartphone) e per diversi tipi di media (ad esempio stampanti e schermi). L'esempio qui sotto riportato definisce una regola CSS basata sulla larghezza massima dell'area di visualizzazione:

```
@media (max-width: 480px) {
  .my_class { font-size: 10px; }
}
```

Tale regola verrà quindi valutata ogni volta che cambia la dimensione dell'area di visualizzazione (ad esempio quando la finestra del browser viene ridimensionata, quando il tablet viene capovolto e così via).

Con le *media query* è possibile personalizzare un sito web in base alle proprie esigenze; bisogna solamente ricordarsi di specificare una o più espressioni di test, come ad esempio **min-width** e **max-width** rispettivamente per la larghezza minima e la larghezza massima dell'area di visualizzazione, e il tipo di *media*, come ad esempio **print** per stampanti e **screen** per schermi di computer, tablet e smartphone.

# Esercizi - CSS

1. Supponi di continuare a modificare le pagine **index.html** e **newsletter.html** create in precedenza in **Esercizi - HTML**. Aggiungi ora una regola CSS nella sezione **\<head\>** di **index.html** che renda l'intestazione di primo livello di colore rosso utilizzando la classe **red**.

   Puoi inserire questa regola CSS (e anche le prossime) nella sezione **\<head\>** tra i tag **\<style\>** e **\</style\>**.

   .red{

      color: red;

   }

2. Crea una regola CSS che imposti un colore di sfondo per tutti i paragrafi all'interno dell'elemento **\<section\>** con attributo **id** pari a **S_BB**.

   #S_BB p{

     background-color: aqua;

   }

3. Crea una regola CSS che renda in grassetto il testo dell'elenco non ordinato all'interno dell'elemento **\<section\>** con attributo **id** pari a **S_BB** e del paragrafo con attributo **id** pari a **p_link**.

```
#S_BB ul, #p_link {

  font-weight: bold;

}
```

4. Crea due regole CSS che cambino il colore dei link in verde se il mouse passa sopra di essi e in giallo se il link viene visitato.

```
a:visited {

  color: yellow;

}
a:hover {

  color: green;

}
```

Le due regole devono essere inserite in questo ordine per evitare problemi.

5. Modifica la dimensione del carattere del paragrafo con attributo **id** pari a **my_par2** in modo che sia più grande di quello dell'elemento padre, utilizzando come famiglie di caratteri **Franklin Gothic Medium, Arial Narrow, Arial, sans-serif** (rispetta l'ordine).

```
#my_par2{

  font-size: larger;

  font-family: 'Franklin Gothic Medium', 'Arial Narrow', Arial, sans-serif

}
```

6. Modifica l'elenco puntato nella seconda sezione sostituendo il marcatore predefinito con dei quadratini.

```
#S_BB ul{

  list-style: square;

}
```

7. Cambia lo stile dell'elemento **<footer>** inserendo un colore di sfondo e un'area di padding e allineando il testo al centro con un colore diverso dal nero.

```
footer {

  text-align: center;

  padding: 5px;

  background-color: lightcyan;

  color: blue;

}
```

8. Cambia il colore di sfondo e i margini delle due sezioni (ricorda che l'attributo **class** di entrambe è pari a **sect**).

```
.sect {

  background: lightgray;

  margin: 5px;

}
```

9. Imposta lo stile degli elementi **<aside>** in modo che abbiano una larghezza impostata al 20%, un'area di padding e dei margini coerenti con il resto della pagina, un colore di sfondo e il testo in corsivo. Inoltre, gli elementi devono essere rimossi dal normale flusso di posizionamento e devono flottare verso sinistra. Ricordati di spostare l'elemento **<footer>** sotto gli elementi flottanti che lo precedono.

```
aside {

  width: 20%;

  padding: 5px;

  margin: 5px;

  float: left;

  font-style: italic;

  background-color: lightgray;

}
footer {

  text-align: center;

  padding: 5px;

  background-color: lightcyan;

  color: blue;

  clear: both;

}
```

10. Modifica lo stile dell'elemento **&lt;article&gt;** con attributo **id** pari ad **art_AA** inserendo dei bordi, un'area di padding e dei margini coerenti con il resto della pagina.

```
#art_AA{

  border: double pink;

  padding: 5px;

  margin: 5px;

}
```

11. Crea un foglio di stile esterno chiamato **custom.css** che deve essere utilizzato nella pagina web **newsletter.html** e inserisci il collegamento a questo foglio di stile nella sezione **<head>** della pagina.

```
<link href="custom.css" rel="stylesheet">
```

12. Crea una regola CSS per tutti gli elementi **<span>** che renda il loro testo di colore rosso, sottolineato, in corsivo e con caratteri grandi. Crea poi un'altra regola CSS che renda il testo dell'elemento **<h1>** di colore rosso utilizzando l'attributo **class**. Queste regole CSS e le prossime devono essere inserite nel file **custom.css**.

```
span {

    font-size: large;

    font-style: italic;

    text-decoration: underline;

    color: red;

}
.red

{

    color: red;

}
```

13. Supponi di poterti iscrivere solamente alla newsletter predefinita e che l'elemento **<form>** contenga i campi **first_name**, **last_name** ed **email** con le relative etichette e i bottoni di submit e di reset. Imposta il bordo, l'altezza, la larghezza e i margini per tutti gli elementi **<input>** e imposta poi gli elementi **<label>** come elementi a blocco a livello inline con una determinata larghezza. Ogni elemento **<input>** deve avere il testo in grassetto, mentre ogni elemento **<label>** deve avere il testo in grassetto e allineato a sinistra.

```
input {

       border: 1px solid;

       height: 25px;

       width: 350px;

       margin: 10px 20px;

       font-weight: bold;

       }
label {

    display: inline-block;

    text-align: left;

    width:150px;

    font-weight: bold;

}
```

14. Mostra i bottoni di submit e di reset come elementi a blocco, impostandone altezza, larghezza e margini (i valori devono essere diversi da quelli degli altri elementi **<input>**). Crea poi una regola CSS che renda il testo extra-large e in grassetto per tutti gli elementi **<legend>**.

```
input[type=submit], input[type=reset] {

    display: block;

    margin: 12px 0px;

    height: 30px;

    width: 100px;

}
```

```
legend {

    font-size: x-large; font-weight: bold;

}
```

15. Imposta un colore di sfondo per l'elemento **<h1>** all'interno del **<div>** con attributo **id** pari a **div_AA** e un'immagine di sfondo per tutti gli elementi **<fieldset>** che sia centrata e non venga ripetuta.

```
#div_AA h1 {

    background-color: lightcyan;

}
fieldset {

    background: url("my_image.jpg") no-repeat center;

}
```

# Il linguaggio JavaScript

## Informazioni generali

JavaScript è un linguaggio di scripting utilizzato per rendere dinamiche le pagine web consentendo agli utenti di interagire con esse. Viene eseguito direttamente dal browser web e per questo è considerato un *linguaggio di programmazione lato client*. JavaScript è conforme allo standard ECMAScript pubblicato da ECMA Internationals che contiene le specifiche per un linguaggio di scripting di uso generale.

Il codice JavaScript deve essere posizionato tra i tag **<script>** e **</script>** e può essere inserito in un qualunque punto del documento; la posizione dell'elemento **<script>** all'interno della pagina web determina quando il codice deve essere eseguito. I due punti più comuni in cui inserire il codice JavaScript sono:

- Alla fine dell'elemento **<body>**: il codice JavaScript viene eseguito dopo che l'elemento **<body>** è stato analizzato (è l'ultima cosa che viene eseguita) - questa soluzione viene solitamente utilizzata per fornire funzionalità aggiuntive agli elementi della pagina caricati in precedenza

- All'interno della sezione **<head>**: il codice JavaScript viene eseguito prima che venga analizzato l'elemento **<body>** - questa soluzione viene solitamente utilizzata in caso di codice condiviso da più script o per modificare il modo in cui la pagina dovrebbe caricare l'elemento **<body>**

Anziché scrivere tutto il codice JavaScript all'interno della pagina HTML, è anche possibile inserirlo in un file esterno e poi specificare il nome del file nell'attributo **src** di **<script>**. In questo caso, qualsiasi codice o testo tra i tag **<script>** e **</script>** verrà ignorato. Un esempio è il seguente:

```
<head>
  <script src="/my_javascript_code.js"></script>
</head>
```

Altri attributi comuni dell'elemento **<script>** sono:

- **type**: viene utilizzato per specificare il tipo di script (il valore predefinito è **application/javascript**) - un tipo non valido può essere utilizzato per non eseguire lo script

- **async**: lo script viene scaricato parallelamente all'analisi della pagina HTML ed eseguito al termine del download, bloccando di fatto il rendering della pagina - una volta terminata l'esecuzione dello script, l'analisi HTML viene ripresa

- **defer**: lo script viene scaricato parallelamente all'analisi della pagina HTML, ma la sua esecuzione viene posticipata fino a che tale analisi non è stata completata

Se non viene specificato né **async** né **defer**, lo script viene scaricato ed eseguito quando viene analizzato l'elemento **<script>**, bloccando il rendering della pagina HTML fino al completamento di queste due operazioni.

In JavaScript, un commento su una sola riga inizia con **//** o viene inserito tra **/*** e ***/**, mentre un commento su più righe viene inserito tra **/*** e ***/**. I commenti vengono solitamente inseriti per spiegare il codice JavaScript o semplicemente per non eseguire alcune istruzioni. Troverai alcuni esempi nei prossimi paragrafi.

# La console del browser

La console del browser è uno strumento indispensabile per eseguire azioni di debug e identificare errori nel codice Javascript. Viene anche utilizzata per scrivere nuove istruzioni di codice ed eseguirle per testarne il comportamento. Ogni browser ne ha una, a cui è possibile accedere tramite menu o tramite scelte rapide da tastiera (ad esempio, in Chrome in ambiente Windows si può visualizzare la console premendo CTRL + SHIFT + J).

Il metodo JavaScript **console.log()** viene utilizzato per scrivere qualsiasi messaggio sulla console del browser ed è comunemente utilizzato per scopi di debug. Ad esempio, è possibile inserire l'istruzione **console.log('Debugging...');** nell'elemento **<script>** per scrivere la stringa **Debugging...** sulla console del browser.

# Variabili

JavaScript è un linguaggio a *tipizzazione dinamica*, il che significa che non è necessario indicare il tipo di dati memorizzati in una variabile (ad esempio **int**, **char** o **float**). È possibile definire una variabile utilizzando le seguenti parole chiave:

- **var**: viene utilizzata per dichiarare una variabile con *ambito di funzione* o con *ambito globale* (se dichiarata all'interno di una funzione, la variabile è disponibile e può essere usata solamente dentro la funzione, mentre se dichiarata al di fuori di una funzione, la variabile è disponibile per essere usata nell'intero codice) - la variabile può essere ridichiarata e aggiornata

- **let**: viene utilizzata per dichiarare una variabile con *ambito di blocco* (se dichiarata in un blocco, ovvero in un pezzo di codice racchiuso tra parentesi graffe, la variabile è disponibile e può essere usata solamente dentro quel blocco) - la variabile non può essere nuovamente dichiarata nello stesso blocco

- **const**: viene utilizzata per definire una costante (un riferimento di sola lettura a un valore) *con ambito di blocco,* che non può essere nuovamente dichiarata e non può essere riassegnata

Per assegnare un valore a una variabile è necessario utilizzare il segno **=**.

Dai un'occhiata al seguente esempio (ricordati di inserire il codice all'interno dell'elemento **<script>**):

```
var a = 6;
if(a > 0) {
   let b = 15;
   const c = 16;
   a++; // equivalente a a=a+1;
   console.log("Valori:", a, b, c); // 7 15 16
}
console.log("Valori:", a, b, c); // Errore - b e c non sono definite
```

Il codice sopra riportato definisce una variabile **a** con ambito globale con valore 6 e, se il valore di **a** è maggiore di 0 (vedremo le espressioni condizionali più avanti), definisce una variabile **b** con ambito di blocco con valore 15 e una costante **c** con valore 16; poi il valore di **a** viene incrementato di 1. Pertanto, i valori delle variabili nel blocco tra parentesi graffe risulteranno 7 (**a**), 15 (**b**) e 16 (**c**), mentre al di fuori del blocco verrà registrato sulla console del browser un messaggio di errore (**Uncaught ReferenceError**) poiché solo la variabile **a** risulta definita con un valore pari a 7.

Una variabile può anche avere valore **undefined** o **null**: nello specifico, **undefined** è il valore di una variabile dichiarata ma a cui non è stato assegnato alcun valore specifico, mentre **null** è il valore che può essere assegnato a una variabile per indicare che questa non ha alcun valore (significa proprio assenza di valore).

# Conversione di tipo

In JavaScript, un tipo di dati primitivo è un qualsiasi dato con un valore primitivo, ovvero un valore immutabile e non modificabile. Esistono sette tipi di dati primitivi:

- string

- number

- boolean

- bigint

- undefined

- symbol

- null

Per conoscere il tipo di dato che può essere memorizzato in una variabile, si può utilizzare l'operando **typeof**. Ecco alcuni esempi (nota il valore registrato sulla console del browser):

console.log(typeof 10); // number

console.log(typeof 'Hello World'); // string

console.log(typeof false); // boolean

console.log(typeof my_var_not_defined); // undefined

La *conversione di tipo* è il processo di conversione di un tipo di dato in un altro. Nella maggior parte dei casi si tratta di una conversione esplicita ottenuta tramite funzioni integrate, tra cui:

- **Number()**: è una funzione utilizzata per convertire il valore passato come argomento in un numero

127

- **String()**: è una funzione utilizzata per convertire il valore passato come argomento in una stringa

- **Boolean()**: è una funzione utilizzata per convertire il valore passato come argomento in un valore booleano

Come esercizio possiamo provare a convertire una serie di valori utilizzando queste funzioni (il valore restituito è mostrato come commento). Cominciamo con **Number()**:

```
console.log(Number("")); // 0

console.log(Number("10")); // 10

console.log(Number(true)); // 1

console.log(Number(false)); // 0

console.log(Number(null)); // 0

console.log(Number(undefined)); // NaN

console.log(Number("Hello World" * 6)); // NaN
```

Come si può notare, una stringa vuota viene convertita in 0 così come anche il valore **null**, mentre **true** e **false** vengono convertiti rispettivamente in 1 e 0. Se la conversione non può essere eseguita, viene restituito **NaN** (**Not a Number**).

Continuiamo con altri esempi che utilizzano **String()**:

```
console.log(String(10)); // "10"

console.log(String(true)); // "true"

console.log(String(false)); // "false"

console.log(String(null)); // "null"

console.log(String(undefined)); // "undefined"
```

In questo caso tutti i valori passati come argomento a **String()** vengono convertiti in stringhe.

Terminiamo con la funzione **Boolean()**:

console.log(Boolean(0)); // false

console.log(Boolean('')); // false

console.log(Boolean(null)); // false

console.log(Boolean(NaN)); // false

console.log(Boolean(undefined)); // false

console.log(Boolean(10)); // true

console.log(Boolean("Hello World")); // true

Si può notare che una qualunque stringa non vuota o un qualunque numero diverso da zero convertiti nel tipo di dati booleano restituiscono **true**.

Se la conversione di un valore da un tipo di dati a un altro avviene automaticamente o implicitamente, si parla di *coercizione di tipo*. La conversione implicita avviene in molti casi, come ad esempio quando si usano gli operatori aritmetici (**+**, **-**, **\***, **/** e **%**), ma se si usa l'operatore **+** e uno degli operandi è una stringa e l'altro operando è un valore non stringa, l'operando non stringa verrà sempre *convertito implicitamente* in una stringa (in questo caso non c'è conversione numerica). Tutto sarà più chiaro esaminando gli esempi qui sotto:

console.log('2' + 3); // "23"

console.log('2' + 3 + true); // "23true"

console.log('20' - 3); // 17

console.log('2' * 3); // 6

console.log('2' / 2); // 1

console.log('a' - 'b'); // NaN

console.log(true - 1); // 0

console.log(true + 1); // 2

console.log(1 - false); // 1

La tabella sotto riportata mostra gli operatori aritmetici che è possibile utilizzare (sono gli operatori che permettono di eseguire operazioni aritmetiche sui numeri):

| Operatore | Descrizione |
|:---:|:---:|
| + | Addizione |
| - | Sottrazione |
| * | Moltiplicazione |
| / | Divisione |
| % | Modulo - Resto della divisione |
| ** | Elevamento a potenza (ES2016) |
| ++ | Incremento |
| -- | Decremento |

La tabella qui sotto invece mostra delle scorciatoie che possono rivelarsi molto utili durante la scrittura del codice JavaScript:

| Espressione | Scorciatoia |
|:---:|:---:|
| a = a + b | a+= b |
| a = a – b | a -= b |
| a = a * b | a *= b |
| a = a / b | a /= b |
| a = a + 1 | a++ |
| a = a - 1 | a-- |

# Gli array

Un array è una variabile che contiene più valori, non necessariamente dello stesso tipo. Può essere dichiarato come segue:

**var array_name = [ item1, item2, item3 ... itemN ];**

È anche possibile utilizzare **const** o **let** al posto di **var** e una dichiarazione può estendersi su più righe.

Un array JavaScript è indicizzato partendo da zero, il che significa che è possibile accedere ai diversi elementi facendo riferimento a un numero di indice che inizia da 0. Dai un'occhiata al seguente esempio (ricordati sempre di inserire il codice all'interno dell'elemento **<script>**):

```
const my_array = ["Mark", "Jason", 1, 10, "Dave"];
console.log(my_array[0]);
```

```
console.log(my_array[4]);
```

Il codice sopra riportato crea un array di cinque elementi e scrive il primo (**Mark**) e l'ultimo (**Dave**) elemento sulla console del browser.

In alternativa è possibile utilizzare la seguente sintassi:

```
const my_array = new Array("Mark", "Jason", 1, 10, "Dave");
console.log(my_array[0]);
console.log(my_array[4]);
```

O è anche possibile creare un array vuoto e inserire i suoi elementi in un secondo momento:

```
const my_array = [];  // o anche const my_array = new Array();
my_array[0]="Mark";
my_array[1]="Jason";
my_array[2]=1;
my_array[3]=10;
my_array[4]="Dave";
console.log(my_array[0]);
console.log(my_array[4]);
```

Tuttavia è prassi comune utilizzare il primo metodo spiegato; questo infatti consente di evitare alcuni piccoli problemi che potrebbero verificarsi, ad esempio, tentando di creare un array con un solo elemento.

Se si desidera conoscere il numero di elementi nell'array, è possibile utilizzare la proprietà **length**:

```
console.log("Numero totale di elementi:", my_array.length);
```

Altri metodi utili sono:

- **push()**: viene utilizzato per aggiungere gli elementi specificati alla fine dell'array

- **pop()**: viene utilizzato per rimuovere l'ultimo elemento dell'array

- **unshift()**: viene utilizzato per aggiungere gli elementi specificati all'inizio dell'array

- **splice()**: viene utilizzato per modificare il contenuto dell'array - prevede la seguente sintassi: **splice(start_index, NumberOfItemsToDelete, item1, item2, ... itemN)** - si applicano le seguenti regole:

  - se **start_index** è minore di 0, viene utilizzato **start_index + array.length**

  - se **start_index** è minore di **-array.length**, viene utilizzato 0

  - se **start_index** è maggiore o uguale a **array.length**, nessun elemento viene cancellato - gli elementi specificati vengono aggiunti all'array

  - se non sono specificati **start_index** e gli argomenti, non viene cancellato nulla

  - se **NumberOfItemsToDelete** viene omesso o se il suo valore è maggiore o uguale al numero di elementi dopo la posizione specificata da **start_index**, tutti gli elementi da **start_index** fino alla fine dell'array verranno eliminati - se si desidera passare alcuni elementi è necessario utilizzare il valore **Infinity** per eliminare tutti gli elementi dopo **start_index**

  - se **NumberOfItemsToDelete** ha un valore negativo o è uguale a zero, non viene rimosso alcun elemento

  - se non si specifica alcun nuovo elemento, il metodo rimuove semplicemente gli elementi dall'array

- **reverse()**: viene utilizzato per invertire l'ordine dell'array

- **sort()**: viene utilizzato per ordinare il contenuto dell'array

- **shift()**: viene utilizzato per rimuovere il primo elemento dell'array

Esaminiamo questi metodi con un esempio: gli elementi dell'array dopo ogni istruzione, ovvero i valori scritti sulla console del browser, sono mostrati come commenti.

```
const my_array = [ "pera", "banana" ];

my_array.push("mela");

console.log(my_array); // ["pera", "banana", "mela"]

my_array.pop();

console.log(my_array); // ["pera", "banana"]

my_array.unshift("arancia", "mango");

console.log(my_array); // ["arancia", "mango", "pera", "banana"]

my_array.splice(1,0,"mela");

console.log(my_array); // ["arancia", "mela", "mango", "pera", "banana"]

my_array.splice(2,1,"pesca");

console.log(my_array); // ["arancia", "mela", "pesca", "pera", "banana"]

my_array.sort();

console.log(my_array); // ["arancia", "banana", "mela", "pera", "pesca"]

my_array.reverse();

console.log(my_array); // ["pesca", "pera", "mela", "banana", "arancia"]
```

Come si può notare, i metodi sopra indicati modificano il contenuto di un array. È però anche possibile eseguire una operazione senza modificare il contenuto in modo permanente utilizzando i seguenti metodi:

- **concat()**: viene utilizzato per unire due o più array

- **slice()**: viene utilizzato per restituire una copia di una parte di un array da **start_index** a **end_index** (non incluso) - gli indici di inizio e fine sono facoltativi e se viene fornito un valore negativo, il conteggio avviene a ritroso a partire dalla fine dell'array - si applicano le seguenti regole:

  - se **start_index** è minore di 0, viene utilizzato **start_index + array.length**

  - se **start_index** è minore di **-array.length** o se **start_index** viene omesso, viene utilizzato 0

  - se **start_index** è maggiore o uguale ad **array.length**, non viene estratto nulla

  - se **end_index** è minore di 0, viene utilizzato **end_index + array.length**

  - se **end_index** è minore di **-array.length**, viene utilizzato 0

  - se **end_index** è maggiore o uguale ad **array.length** o se **end_index** viene omesso, viene utilizzato **array.length** (vengono estratti tutti gli elementi fino alla fine)

  - se **end_index** è posizionato prima o in corrispondenza di **start_index**, non viene estratto nulla

- **toSpliced()**: è la versione di **splice()** che non modifica l'array originale - in questo caso, se viene omesso **start_index**, viene utilizzato 0

- **toReversed()**: è la versione di **reverse()** che non modifica l'array originale

- **toSorted()**: è la versione di **sort()** che non modifica l'array originale

Anche in questo caso, tutto sarà più chiaro con un esempio:

```
const my_array = [ "pera", "albicocca", "banana" ];
console.log(my_array.concat(["mela"]));
// [ "pera", "albicocca", "banana", "mela" ]
console.log(my_array.slice(0,-1));
// [ "pera", "albicocca" ]
console.log(my_array.toSpliced(0,0,"arancia","mango"));
// [ "arancia", "mango", "pera", "albicocca", "banana" ]
console.log(my_array.toSpliced(1,0,"mela"));
// [ "pera", "mela", "albicocca", "banana" ]
console.log(my_array.toSpliced(2,1,"pesca"));
// [ "pera", "albicocca", "pesca" ]
console.log(my_array.toSorted());
// [ "albicocca", "banana", "pera" ]
console.log(my_array.toReversed());
// [ "banana", "albicocca", "pera" ]
console.log(my_array);
// [ "pera", "albicocca", "banana" ]
```

La tabella qui sotto riportata riassume quanto appena visto: mostra, infatti, i metodi per modificare il contenuto di un array e i corrispondenti metodi da utilizzare quando non si vuole modificare l'array originale.

| Metodi che modificano gli array | Metodi che non modificano gli array |
|:---:|:---:|
| push("value1", "value2") | concat(["value1", "value2"]) |

| pop() | slice(0, -1) |
|---|---|
| unshift("value1", "value2") | toSpliced(0,0,"value1", "value2") |
| splice() | toSpliced() |
| reverse() | toReversed() |
| sort() | toSorted() |
| shift() | slice(1) |

Infine, ricorda che il metodo **sort()** viene utilizzato per ordinare gli elementi di un array come stringhe. Se si desidera ordinare numericamente, è necessario definire una funzione come nel seguente esempio:

```
const my_array = [ 1,33,50,6,72 ];
console.log(my_array.sort(function(a, b){return a-b}));
// [ 1,6,33,50,72 ]
```

Parleremo in modo approfondito di funzioni nei capitoli successivi.

# Gli oggetti

In JavaScript, gli oggetti vengono utilizzati per memorizzare entità più complesse. Un oggetto è una raccolta di *proprietà* separate da virgole e racchiuse tra parentesi graffe, ciascuna delle quali ha un nome e un valore separati da due punti. Se il valore di una proprietà è una funzione, tale proprietà viene chiamata *metodo* (pensa a un metodo come a un'azione che può essere eseguita su un oggetto). La definizione di oggetto può estendersi su più righe.

Dai un'occhiata al seguente codice che crea un oggetto (**employee**) con tre proprietà (**first_name** con valore **Luke**, **last_name** con valore **Smith** e **year_of_recruitment** con valore **2015**) e un metodo (**full_name**) che concatena le prime due proprietà (**first_name** e **last_name**).

const employee = { first_name: "Luke", last_name: "Smith", year_of_recruitment: 2015, full_name: function() {return this.first_name + " " + this.last_name;} }

È possibile accedere a una proprietà di un oggetto utilizzando **ObjectName.PropertyName**, **ObjectName["PropertyName"]** o **ObjectName['PropertyName']**, sia per leggere sia per assegnare nuovi valori. Si può invece accedere a un metodo utilizzando **ObjectName.MethodName()**.

Il codice sotto riportato modifica il valore di **year_of_recruitment** e successivamente scrive i valori delle tre proprietà e del metodo sulla console del browser.

employee.year_of_recruitment = 2020;

console.log("Employee:", employee.first_name, employee.last_name, employee.year_of_recruitment, employee.full_name());

// Employee: Luke Smith 2020 Luke Smith

La parola chiave **this** specificata nel metodo **full_name** fa quindi riferimento all'oggetto **employee**.

È inoltre possibile definire array di oggetti e utilizzare i metodi visti nel paragrafo precedente come **push()** e **pop()**. Il codice nell'esempio sotto riportato definisce un array di due oggetti chiamato **employees**, elimina poi l'ultimo oggetto e infine inserisce un nuovo oggetto alla fine dell'array. I valori registrati con **console.log()** sono indicati nei commenti.

```javascript
const employees =
[
  {
  first_name: "Luke",
  last_name: "Smith",
  year_of_recruitment: 2015
  },
  {
  first_name: "Mark",
  last_name: "Ross",
  year_of_recruitment: 2010
  }
];
employees.pop();
console.log(employees[0]);
// {first_name: 'Luke', last_name: 'Smith', year_of_recruitment: 2015}
console.log(employees[1]);
// undefined
employees.push({first_name: "Dave", last_name: "Ash",
year_of_recruitment: 2000});
console.log(employees[0]);
// {first_name: 'Luke', last_name: 'Smith', year_of_recruitment: 2015}
console.log(employees[1]);
// {first_name: 'Dave', last_name: 'Ash', year_of_recruitment: 2000}
```

# L'istruzione if else

L'istruzione **if else** è un'istruzione condizionale che consente di eseguire una determinata azione in base al risultato di un'espressione. In particolare, se il risultato dell'espressione condizionale è *vero (true)*, viene eseguito il codice nel *ramo true*; in caso contrario, viene eseguito il codice nel *ramo false*. La sintassi da utilizzare è la seguente:

if ( espressione ) { // ramo true - codice da eseguire se il risultato è vero }

else { // ramo false - codice da eseguire se il risultato è falso }

Analizziamo il seguente esempio:

var a=16;

var b=1;

if (a<b) { console.log("a minore di b"); }

else { console.log("a maggiore o uguale a b"); }

Nell'esempio sopra riportato, poiché **a** non è minore di **b**, viene eseguito il codice nel *ramo false* (il *ramo else*) e quindi viene registrata sulla console del browser la stringa **a maggiore o uguale a b**. È possibile cambiare a piacimento i valori delle due variabili e vedere cosa viene registrato sulla console del browser.

In realtà il *ramo else* non è obbligatorio; si può quindi creare un'espressione condizionale nella sua forma più semplice con solo un *ramo true*. Come si può vedere nell'esempio seguente, se il risultato dell'espressione condizionale è vero, viene eseguito il successivo blocco di codice.

var age=16;

if (age<18) { console.log("Non puoi visualizzare questo contenuto"); }

Le espressioni **if(true)** o **if(N)** con **N** maggiore di zero vengono sempre valutate come vere.

Per specificare un'ulteriore condizione da testare, è possibile utilizzare l'istruzione **else if**. Modifichiamo il primo esempio del paragrafo introducendo questa nuova istruzione:

var a=1;

var b=1;

if (a<b) { console.log("a minore di b"); }

else if(a>b) { console.log("a maggiore di b"); }

else { console.log("a uguale a b"); }

In questo caso le due espressioni condizionali restituiscono il valore falso; pertanto viene registrata sulla console del browser la stringa **a uguale a b**.

La seguente tabella riassume gli operatori che è possibile utilizzare nelle espressioni condizionali:

| Operatore | Descrizione |
|:---:|:---:|
| > | Maggiore |
| < | Minore |
| >= | Maggiore o uguale |
| <= | Minore o uguale |
| == | Uguale |
| != | Diverso |

| === | Uguaglianza stretta - gli operandi hanno lo stesso valore e lo stesso tipo |
|---|---|
| !== | Disuguaglianza stretta - gli operandi non hanno lo stesso valore o lo stesso tipo |

Presta attenzione all'operatore **===**, chiamato anche *operatore di uguaglianza stretta*, che restituisce *true* se entrambi gli operandi sono dello stesso tipo e contengono lo stesso valore. Dai un'occhiata al seguente esempio:

```
var a="5";
if (a == 5)
{
  console.log("true");
}
if (a === 5 )
{
  console.log("true");
}
```

La prima istruzione **if** scrive **true** sulla console del browser poiché l'operatore **==** tenta di convertire gli operandi nello stesso tipo di dati per poter effettuare un confronto significativo, mentre la seconda istruzione **if** non scrive nulla poiché gli operandi non sono dello stesso tipo.

Anche l'operatore **!==** controlla valore e tipo ed è noto come *operatore di disuguaglianza stretta.* Un esempio è il seguente:

```
var a="5";

if (a !== 5 )

{

  console.log("true");

}

if (a != 5 )

{

  console.log("true");

}
```

La prima istruzione **if** nell'esempio sopra riportato scrive **true** sulla console del browser poiché gli operandi sono di tipo diverso, mentre la seconda istruzione **if** non scrive nulla poiché gli operandi vengono convertiti nello stesso tipo.

Se si vuole testare contemporaneamente più condizioni, è necessario combinarle utilizzando i seguenti operatori logici:

- **&&** - operatore AND - l'intera espressione restituisce *true* se tutte le singole espressioni restituiscono *true*

- **||** - operatore OR - l'intera espressione restituisce *true* se almeno una delle singole espressioni restituisce *true*

- **!** - operatore NOT - inverte lo stato logico dell'espressione

Ad esempio, il seguente codice controlla se le variabili **a** e **b** non sono nulle e, in caso affermativo, scrive il risultato della loro sottrazione sulla console del browser.

```
var a=-1;

var b=1;

if ((a != null) && (b != null))
```

```
{
    console.log(a-b);
}
```

Invece, il seguente codice concatena le variabili **a** e **b** e scrive il risultato sulla console del browser se almeno uno dei due valori non è una stringa vuota:

```
var a="";
var b="Smith";
if ((a != "") || (b != ""))
{
console.log(a + " " + b);
}
```

Infine, il seguente codice mostra il comportamento dell'operatore **!**; dal momento che inverte lo stato logico dell'espressione, se **a** è uguale a 0, la stringa **OK** viene scritta sulla console del browser.

```
var a=0;
if (!(a != 0))
{
console.log("OK");
}
```

# L'istruzione switch

In caso ci siano molti blocchi di codice alternativi da eseguire, è possibile utilizzare più espressioni di test condizionali con istruzioni **if else**, ma in tal caso la soluzione migliore sarà sicuramente usare un'istruzione **switch** che permette di eseguire azioni diverse in base a condizioni diverse. In particolare, questa istruzione valuta un'espressione ed esegue il codice associato alla clausola **case** che ha corrispondenza con il valore dell'espressione. Se non c'è corrispondenza, viene eseguito il blocco di codice di default; questo è identificato dalla clausola **default**, è facoltativo e contiene l'azione predefinita da intraprendere quando non ci sono altre corrispondenze.

La sintassi da utilizzare è la seguente:

```
switch(espressione) {
  case A:
      // codice da eseguire se A ha corrispondenza con il valore
      dell'espressione
   break;
  case B:
      // codice da eseguire se B ha corrispondenza con il valore
      dell'espressione
   break;
  case C:
      // codice da eseguire se C ha corrispondenza con il valore
      dell'espressione
   break;
  default:
      // codice da eseguire se non ci sono altre corrispondenze
}
```

Come si può notare dallo pseudo-codice sopra riportato, il codice eseguito in ogni clausola **case** segue i due punti finché non viene raggiunta la parola chiave **break**, un'istruzione che interrompe di fatto l'esecuzione del blocco **switch**. L'ultima clausola è solitamente la clausola **default** e non necessita di un'istruzione **break**. Se non viene trovata alcuna corrispondenza e non è presente una clausola **default**, il programma continua la sua esecuzione dopo l'istruzione **switch**.

Un esempio è il seguente:

```javascript
var color="red";
switch(color)
{
  case "blue":
    console.log("Colore selezionato: Blu"); break;
  case "yellow":
    console.log("Colore selezionato: Giallo"); break;
  case "red":
    console.log("Colore selezionato: Rosso"); break;
  default:
    console.log("Colore non trovato");
}
```

Il codice sopra riportato scrive la stringa **Colore selezionato: Rosso** sulla console del browser poiché il valore dell'espressione (ovvero il valore della variabile **color**) ha corrispondenza con la clausola **case "red"**.

Se più clausole **case** condividono lo stesso codice, è possibile raggrupparle come nel seguente esempio:

```javascript
var number=7;
switch(number)
{
  case 1:
  case 3:
  case 5:
  case 7:
  case 9:
```

```
console.log("Numero dispari"); break;
case 2:
case 4:
case 6:
case 8:
console.log("Numero pari"); break;
default:
console.log("Non è stato inserito un numero compreso tra 1 e 9");
}
```

Come si può notare, tutti i numeri dispari tra 1 e 9 condividono lo stesso codice da eseguire così come tutti i numeri pari. Raggruppando più clausole viene scritto quindi meno codice, eliminando in modo significativo la possibilità di commettere errori (per completezza, il codice sopra riportato scrive **Numero dispari** sulla console del browser).

Infine, ecco alcune regole da tenere a mente:

- Se si omette l'istruzione **break** nel blocco **case** che ha corrispondenza con il valore dell'espressione, il **case** successivo verrà comunque eseguito anche se questa clausola non ha corrispondenza con il valore dell'espressione

- Se più clausole **case** hanno corrispondenza con il valore dell'espressione, viene selezionato il primo **case**

- L'istruzione **switch** utilizza l'operatore di uguaglianza stretta (**===**) per controllare la corrispondenza tra le clausole **case** e il valore dell'espressione

# L'istruzione while

Durante la scrittura di un programma, ci si può imbattere in una situazione in cui è necessario eseguire un'azione più e più volte; in questi casi è possibile ricorrere ai *cicli* per ridurre il numero di righe di codice da scrivere.

Il ciclo **while** viene utilizzato per eseguire una serie di righe di codice ripetutamente finché un'espressione risulta vera. La sintassi da utilizzare è:

```
while (espressione) {
// codice da eseguire a ogni iterazione
}
```

Analizziamo un esempio reale:

```
var my_var="";
var i=0;
while (i < 10) {
  my_var = my_var + i + " ";
  i++; }
console.log(my_var);
```

Innanzitutto, vengono impostate due variabili prima del ciclo: **my_var** come stringa vuota e **i** (chiamata *inizializzatore*) con valore 0. Poi viene valutata l'espressione (**i < 10**) e, se il risultato è *true*, **my_var** viene concatenata con il valore di **i** e viene aggiunto uno spazio; infine, la variabile **i** viene incrementata di uno. Il codice tra parentesi graffe viene eseguito finché il valore di **i** è inferiore a 10. Di conseguenza viene scritta sulla console del browser la stringa **0 1 2 3 4 5 6 7 8 9**.

Un esempio molto simile è il seguente:

```
fruit = [ 'mela', 'arancia', 'banana', 'pera' ];
```

```
var all_fruits = '';
var i = 0;
   while (i < fruit.length) {
     if (i !== fruit.length - 1) {
       all_fruits = all_fruits + fruit[i] + ' - ';
       i++;
     }
     else {
       all_fruits = all_fruits + fruit[i];
       i++;
     }
   }
console.log(all_fruits);
```

Nell'esempio sopra riportato, viene definito un array (**fruit**) contenente i nomi di quattro frutti e, a ogni iterazione, il nome del frutto corrispondente viene concatenato a una variabile **all_fruits**, inizialmente definita come stringa vuota. Quando non ci sono più nomi di frutti, il ciclo termina e il valore di **all_fruits** viene scritto sulla console del browser (la stringa registrata sarà: **mela - arancia - banana - pera**).

Quando si utilizza un ciclo **while**, bisogna assicurarsi che l'inizializzatore venga incrementato o, a seconda dei casi, decrementato a ogni iterazione, in modo che la condizione di test prima o poi diventi falsa. Altrimenti, ci sarà un ciclo infinito e il browser si bloccherà e sarà necessario interromperne l'esecuzione.

# L'istruzione do while

Il ciclo **do while** è simile al ciclo **while**; la differenza è che il codice viene eseguito almeno una volta poiché l'espressione di test viene controllata alla fine di ogni ciclo. La sintassi da utilizzare è la seguente:

```
do {
// codice da eseguire a ogni iterazione
} while (espressione)
```

Ancora una volta, è meglio analizzarla con un esempio:

```
var i = 100;
do {
  i++; }
while (i < 0);
console.log(i);
```

La variabile **i** ha valore 100 che non è minore di 0, ma poiché l'espressione viene controllata alla fine di ogni iterazione, il ciclo viene eseguito una volta. Di conseguenza, **i** avrà valore 101 e questo sarà il valore scritto sulla console del browser.

Anche con **do while** è necessario ricordarsi di incrementare o decrementare l'inizializzatore a ogni iterazione per evitare cicli infiniti.

# L'istruzione for

Quando si programma, è prassi comune utilizzare le istruzioni **for** che consentono di scrivere cicli più compatti rispetto a **while** e **do while**. Innanzitutto, viene eseguita l'inizializzazione di una variabile (prima dell'inizio del ciclo); poi viene valutata l'espressione di test e, se il risultato è *true*, viene eseguito il codice tra parentesi graffe. Infine, viene eseguita un'iterazione della variabile e l'espressione di test viene valutata di nuovo, e così via, finché non viene restituito un valore *false*. In quel caso il ciclo termina.

La sintassi da utilizzare è:

```
for (inizializzazione_variabile; espressione; iterazione_variabile) {
  // codice da eseguire a ogni iterazione
}
```

Riscriviamo ora i due esempi di codice che usavano il ciclo **while**. Ecco il primo:

```
var my_var="";
for (let i=0; i<10; i++)
{
 my_var = my_var + i + " ";
}
console.log(my_var);
```

Ed ecco il secondo:

```
var fruit = [ 'mela', 'arancia', 'banana', 'pera' ];
var all_fruits = '';
for(let i=0; i < fruit.length; i++)
{
        if ( i !== fruit.length - 1)
                {
                    all_fruits = all_fruits + fruit[i] + ' - ';
                }
        else
```

```
            {
                all_fruits = all_fruits + fruit[i];
            }
    }
console.log(all_fruits);
```

Come si può notare, il codice è più compatto rispetto a quello utilizzato con il ciclo **while**.

Infine, ricorda che l'inizializzatore è generalmente chiamato *contatore* ed è buona norma definirlo all'interno del ciclo utilizzando **let**.

# L'istruzione for of

L'istruzione **for of** viene utilizzata per creare un ciclo che scorre tutti i valori di un oggetto iterabile come ad esempio una stringa o un array. Questo costrutto è stato aggiunto in ES2016. La sintassi da utilizzare è:

```
for (variabile of oggetto_iterabile) {
    // codice da eseguire a ogni iterazione
}
```

Come esercizio, possiamo riscrivere l'esempio della frutta visto in precedenza utilizzando l'istruzione **for of**. Il codice sarà il seguente:

```
var fruit = [ 'mela', 'arancia', 'banana', 'pera' ];
var all_fruits = '';
let i=0;
for(let element of fruit)
        {
                if ( i !== fruit.length - 1)
                        {
```

```
                    all_fruits = all_fruits + element + ' - ';
        }
    else
        {
                    all_fruits = all_fruits + element;
        }
    i++;
}
console.log(all_fruits);
```

In questo caso, a ogni iterazione il corrispondente valore dell'array **fruit** viene assegnato alla variabile **element**, che può essere dichiarata con **const**, **let** o **var**.

# Le istruzioni break e continue

Due istruzioni molto utili, tipicamente utilizzate nei cicli, sono **break** e **continue**. In particolare, **break** viene utilizzata per terminare il ciclo corrente e saltare alla prima istruzione dopo il ciclo, mentre **continue** viene utilizzata per terminare l'esecuzione delle istruzioni nell'iterazione corrente del ciclo e iniziare una nuova iterazione.

Analizziamole con un esempio:

```
let my_var = "";
for (let i = 0; i < 10; i++) {
    if (i == 5) { continue; }
    if (i == 7) { break; }
    my_var = my_var + i + " ";
}
```

```
console.log(my_var);
```

Nell'esempio sopra riportato, quando il valore di **i** è pari a 5 viene eseguita l'istruzione **continue** che interrompe l'iterazione corrente e passa all'iterazione successiva del ciclo, mentre quando **i** è pari a 7 viene eseguita l'istruzione **break** che termina il ciclo. Di conseguenza, la stringa **0 1 2 3 4 6** viene scritta sulla console del browser.

# Le funzioni

Una funzione è un pezzo di codice che esegue un compito ben preciso ogni volta che viene invocata. L'utilizzo di funzioni consente quindi di evitare di scrivere codice duplicato, riducendo la probabilità di errori e migliorando le prestazioni.

È possibile creare una funzione con una dichiarazione (*function declaration - dichiarazione di funzione*), ma è anche possibile utilizzare una sintassi alternativa che crea una funzione come parte di un'espressione (*function expression - espressione di funzione*).

Una dichiarazione di funzione segue la seguente sintassi:

```
function nome_funzione(parametri)
{
    // codice da eseguire
}
```

Come si può notare, è necessario specificare la parola chiave **function** seguita dal nome della funzione e da un elenco di parametri separati da virgole. Il codice da eseguire è racchiuso tra parentesi graffe e un'istruzione **return** può essere utilizzata per interrompere l'esecuzione della funzione e restituire un valore al chiamante.

Diamo un'occhiata al seguente esempio:

```
function max(a,b)

{

  if(a>b) { return a; }

  else { return b; }

}
```

Il codice sopra riportato definisce una funzione chiamata **max** che restituisce, supponendo che **a** e **b** siano numeri, il maggiore tra i due. Per invocare questa funzione, è necessario specificare il nome della funzione e i suoi argomenti in questo modo: **max(100,580)**. Pertanto, è possibile scrivere il valore restituito sulla console del browser utilizzando **console.log(max(100,580));**.

Alcune importanti considerazioni da tenere a mente:

- Gli argomenti sono i valori che la funzione riceve quando viene chiamata

- I parametri sono racchiusi tra parentesi tonde nella definizione della funzione

- I valori degli argomenti vengono assegnati ai parametri della funzione durante l'invocazione: se le modifiche ai parametri non si riflettono al di fuori della funzione e non influenzano le variabili utilizzate nell'istruzione chiamante, si parla di *passaggio di argomenti per valore* (ad esempio quando si utilizzano variabili semplici come argomenti), mentre se le modifiche ai parametri si riflettono al di fuori della funzione, si parla *di passaggio di argomenti per riferimento* (ad esempio quando si utilizzano oggetti come argomenti che possono essere modificati dalla funzione)

- Se una funzione non ha parametri, si utilizza **()** nella definizione della funzione

- Le variabili definite in una funzione hanno un *ambito di funzione* e non sono accessibili all'esterno della funzione

- In una funzione, i parametri sono trattati come variabili locali

- Le variabili globali sono accessibili all'interno di una funzione

- In una funzione, gli argomenti possono essere recuperati da un oggetto chiamato **arguments**, il cui indice inizia da 0: **arguments[0]**, **arguments[1]**, **arguments[2]**, ... **arguments[n]**

- Una funzione può contenere zero, una o più istruzioni **return**; se non c'è alcuna istruzione **return**, la funzione restituisce **undefined**

- Se si utilizza **return** senza alcun valore o espressione, la funzione restituisce **undefined**

- È possibile riutilizzare il codice di una funzione chiamando la stessa funzione con argomenti diversi

Analizziamo ora una funzione creata con un'espressione di funzione. La sintassi da utilizzare è la seguente:

```
const variabile = function(parametri)

{

    // codice da eseguire

}
```

In questo caso, la funzione, creata all'interno di un'espressione più ampia, può essere memorizzata in una variabile, che a sua volta può essere utilizzata per invocare la funzione stessa.

Possiamo quindi riscrivere la funzione creata in precedenza in questo modo:

```
const var_max = function(a,b)

{

    if(a>b) { return a; }
```

```
    else { return b; }
}
```

È possibile invocare la funzione specificando il nome della variabile e gli argomenti in questo modo: **var_max(100,580)**. Pertanto, è possibile scrivere il valore restituito sulla console del browser utilizzando **console.log(var_max(100,580));**.

Come si può notare, le funzioni create con una dichiarazione di funzione e le funzioni create con un'espressione di funzione vengono invocate allo stesso modo. Bisogna però tener presente che le funzioni create con un'espressione di funzione possono essere invocate solo dopo la loro inizializzazione, mentre le funzioni create con una dichiarazione di funzione possono essere invocate sia prima sia dopo la loro inizializzazione. Infine, con le funzioni create con un'espressione di funzione è possibile omettere il nome della funzione (come nell'esempio sopra); si parla in tal caso di *funzioni anonime*.

Mostriamo ora un altro esempio di funzione creata con una dichiarazione di funzione:

```
function change_year(my_obj) {
my_obj.year = '1982';
}
var p = {name: 'John', surname: 'Ripple', year: 1998};
var a;
a = p.year;
console.log(a);    // 1998
change_year(p);
a = p.year;
console.log(a);    // 1982
```

In questo caso si può notare come il valore contenuto in **p.year** e assegnato ad **a** cambi dopo l'invocazione della funzione. Il primo valore registrato sulla console del browser è infatti 1998, mentre il secondo valore è 1982.

Il codice può anche essere riscritto utilizzando un'espressione di funzione:

```
const my_var = function(my_obj) {

my_obj.year = '1982';

}
var p = {name: 'John', surname: 'Ripple', year: 1998};

var a;

a = p.year;

console.log(a);      // 1998

my_var(p);

a = p.year;

console.log(a);      // 1982
```

Se si sposta la funzione dopo il blocco di codice che la invoca, verrà visualizzato un errore poiché non è possibile accedere a **my_var** prima della sua inizializzazione.

Prima di spiegare come modificare un documento tramite codice JavaScript, vale sicuramente la pena analizzare anche le cosiddette *funzioni ricorsive*, molto diffuse nel mondo della programmazione.

Una funzione ricorsiva è una funzione che chiama sé stessa ed è normalmente utilizzata per risolvere un problema complesso suddividendolo in sotto-problemi simili e più semplici. La sintassi da utilizzare è la seguente:

```
function funzione_ricorsiva() {

  if(condizione_base) {
```

```
    // la funzione smette di chiamare sé stessa
  } else {
  funzione_ricorsiva();
  }
}
```

Come si può notare dallo pseudo-codice sopra riportato, una funzione ricorsiva continua a chiamare sé stessa finché non viene soddisfatta una condizione base; a quel punto la funzione inizia a combinare i risultati di ogni livello di ricorsione fino a ottenere il risultato finale. Se la condizione base non viene inserita, la funzione viene chiamata all'infinito.

Un esempio è il seguente che definisce una funzione ricorsiva che effettua un conto alla rovescia partendo da un numero specifico:

```
function print_numbers(start_number)
{
  console.log(start_number);
  let next_number = start_number - 1;
  if(next_number >= 0) {
    print_numbers(next_number);
  }
}
```

Se si invoca la funzione utilizzando **print_numbers(10);** verranno scritti sulla console del browser tutti i numeri da 10 a 0. La funzione, infatti, scrive prima il numero 10 e poi chiama sé stessa; a questo punto viene scritto il numero 9 e la funzione viene chiamata di nuovo e così via finché non viene soddisfatta la condizione base (**next_number** minore di 0).

Un altro esempio di funzione ricorsiva è il seguente che calcola la somma di tutti i numeri che precedono un dato numero partendo da 1.

```
function sum_numbers(number)
{
  if(number <= 1) {
    return number;
  } else {
    return number + sum_numbers(number-1);
  }
}
```

Come si può notare, la soluzione viene ottenuta risolvendo istanze più piccole dello stesso problema. Finché la condizione base non è soddisfatta, la funzione restituisce la somma di **number** e il risultato ottenuto chiamando sé stessa con argomento **number - 1**. Quando la condizione base è soddisfatta (**number** è minore o uguale a 1), la funzione non viene più chiamata e viene restituito **number**; a quel punto vengono risolte tutte le chiamate precedenti fino a quando non si ottiene il risultato finale. Ad esempio, l'istruzione **console.log(sum_numbers(5));** scriverà il numero 15 sulla console del browser.

# Il Document Object Model (DOM)

Il *Document Object Model* (DOM) è un'interfaccia di programmazione per documenti HTML e XML. Quando una pagina web viene caricata, il browser crea un DOM della pagina: l'oggetto **document** è l'oggetto principale che rappresenta il documento HTML e tutti gli altri oggetti che rappresentano tutti gli elementi HTML nella pagina si diramano da esso in un albero di oggetti. Un esempio è il seguente che mostra il DOM di una pagina HTML con solo un paragrafo e un'immagine.

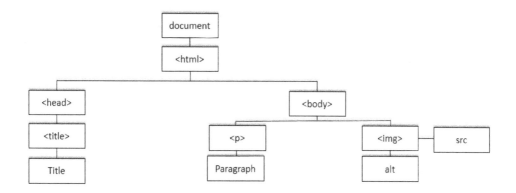

Secondo il DOM, tutti gli elementi HTML sono definiti come oggetti con proprietà e metodi, che rappresentano rispettivamente i valori che si possono impostare su ogni elemento HTML e le azioni che si possono eseguire su di essi. Utilizzando il DOM e JavaScript, è possibile accedere a tutti gli elementi di un documento HTML, modificandone attributi e stili. Il Document Object Model è uno standard W3C.

Iniziamo mostrando i metodi più comuni:

- **getElementById()**: restituisce l'elemento il cui attributo **id** ha corrispondenza con il valore specificato tra parentesi - se l'elemento non esiste, restituisce null

- **getElementsByTagName()**: restituisce una *collezione live* di elementi dello stesso tipo in base al nome del tag specificato tra parentesi - se non vengono trovati elementi, la collezione sarà vuota

- **getElementsByClassName()**: restituisce una *collezione live* di elementi che hanno come classe il valore specificato tra parentesi (più nomi di classi devono essere separati da spazi) - se non vengono trovati elementi, la collezione sarà vuota

Diamo un'occhiata al seguente codice HTML:

<div id = "div_a">

161

```
<h1> Intestazione della pagina </h1>

<p id="AAA"> Primo Paragrafo </p>

<p id="BBB" class="red" > Secondo Paragrafo </p>

<p id="CCC" class="blue" > Terzo Paragrafo </p>
```
</div>

È possibile selezionare il primo paragrafo e cambiarne il contenuto in questo modo:

```
let my_par = document.getElementById("AAA");

my_par.innerHTML = "Paragrafo Modificato";
```

Il codice JavaScript sopra riportato seleziona l'elemento con attributo **id** pari ad **AAA** e modifica la sua proprietà **innerHTML** che specifica il codice di markup HTML dell'elemento selezionato (ricordati di inserire il codice JavaScript tra i tag **<script>** e **</script>**).

È anche possibile ottenere lo stesso risultato utilizzando il seguente codice:

```
let my_par = document.getElementsByTagName("p")[0];

my_par.innerHTML = "Paragrafo Modificato";
```

Questo selezionerà il primo elemento nella collezione di elementi restituita da **getElementsByTagName()** e poi ne cambierà il contenuto.

Altrimenti, se si desidera modificare il contenuto di tutti i paragrafi del documento, è possibile selezionarli con **getElementsByTagName()** in questo modo:

```
let elements = document.getElementsByTagName("p");

for (i of elements)

{

   i.innerHTML="Paragrafo Modificato";

}
```

Aggiungiamo ora un secondo **<div>** alla pagina:

```
<div id = "div_b">

  <p id="DDD" class="blue" > Primo Paragrafo </p>

  <p id="EEE"> Secondo Paragrafo </p>

  <ol id="list_1">

        <li> Primo elemento della lista </li>

        <li> Secondo elemento della lista </li>

        <li> Terzo elemento della lista </li>

</ol>

</div>
```

Se si desidera modificare solamente il testo dei paragrafi nel secondo **<div>**, è necessario prima selezionare il **<div>** e poi selezionare tutti i paragrafi che discendono da questo elemento e modificarne il contenuto. Per ottenere questo risultato, è possibile utilizzare:

```
let my_div = document.getElementById("div_b");

let elements = my_div.getElementsByTagName("p")

for (i of elements)

{

  i.innerHTML="Paragrafo Modificato";

}
```

Il metodo **getElementsByTagName()** può, infatti, essere chiamato sia sull'oggetto **document** per cercare nell'intero documento sia su un elemento specifico per cercare solo negli elementi discendenti da questo elemento.

Come ulteriore esercizio possiamo selezionare tutti i paragrafi all'interno della pagina web e modificare il contenuto solo di quello che ha attributo **id** pari al valore **EEE**. Possiamo utilizzare il metodo **getElementById()**, ma anche il seguente codice:

```
let elements = document.getElementsByTagName("p")

for (i of elements)

{

  if (i.id == "EEE") { i.innerHTML="Paragrafo Modificato"}

}
```

Si può notare che **id** è una proprietà dell'oggetto **i**, ovvero di ogni paragrafo selezionato con **getElementsByTagName()**. L'istruzione condizionale **if (i.id == "EEE")** è equivalente a **if (i.getAttribute("id") == "EEE")**. Nello specifico, il metodo **getAttribute()** viene utilizzato per restituire il valore dell'attributo indicato tra parentesi; se l'attributo non esiste, viene restituito **null**.

Continuiamo ora con un nuovo esempio di codice JavaScript: se si vuole modificare il contenuto di tutti gli elementi con attributo **class** impostato su **blue**, è possibile utilizzare:

```
let elements = document.getElementsByClassName("blue")

for (i of elements)

{

  i.innerHTML = "Testo modificato";

}
```

Anche **getElementsByClassName()** può essere chiamato sia sull'oggetto **document** sia su un elemento specifico; ad esempio, se si desidera modificare il contenuto degli elementi con attributo **class** impostato su **blue** solo nel primo **<div>**, si può utilizzare:

```
let my_div = document.getElementById("div_a");

let elements = my_div.getElementsByClassName("blue")
```

```
for (i of elements)

{

  i.innerHTML="Testo modificato";

}
```

Alcune regole generali da tenere in considerazione:

- Se il metodo utilizzato restituisce un solo elemento, come ad esempio **getElementById()**, si può lavorare direttamente su quell'elemento (ad esempio modificando o impostando le sue proprietà)

- Se il metodo utilizzato restituisce una collezione di più elementi, come ad esempio **getElementsByClassName()** o **getElementsByTagName()**, è necessario scorrere i diversi elementi con un ciclo e lavorare su ciascuno di essi

- Se si desidera selezionare tutti gli elementi di una pagina HTML, è possibile utilizzare **getElementsByTagName(\*)**

È spesso però più comodo selezionare uno o più elementi utilizzando i selettori CSS. I metodi che si possono utilizzare sono:

- **querySelector()**: restituisce il primo elemento che ha corrispondenza con il selettore CSS specificato o null se non viene trovata alcuna corrispondenza

- **querySelectorAll()**: restituisce un *elenco statico* di elementi che hanno corrispondenza con il selettore CSS specificato - se non viene trovato alcun elemento, l'elenco sarà vuoto

Invece di utilizzare il metodo **getElementById()**, è quindi possibile selezionare l'elemento il cui attributo **id** è pari ad **AAA** e modificare la sua proprietà **innerHTML** utilizzando il seguente codice:

```
let my_par = document.querySelector("#AAA");
```

```
my_par.innerHTML = "Paragrafo Modificato";
```

Ed è possibile modificare il contenuto di tutti gli elementi con attributo **class** impostato su **blue** utilizzando:

```
let elements = document.querySelectorAll(".blue")

for (i of elements)

{

    i.innerHTML = "Testo modificato";

}
```

Ricorda che un *selettore di id* richiede un carattere cancelletto (**#**) seguito dall'identificativo dell'elemento a cui si vuole applicare lo stile, mentre un *selettore di classe* richiede un punto (**.**) seguito dal nome della classe dell'elemento o degli elementi a cui si vuole applicare lo stile.

Esaminiamo ora una nuova proprietà del DOM cercando di cambiare il testo e il colore di ciascun elemento **<li>** all'interno dell'elenco ordinato il cui attributo **id** ha valore **list_1**:

```
let my_list = document.querySelector("#list_1");

let elements = my_list.querySelectorAll("li");

var i=1;

for (element of elements)

{

    element.innerHTML="Elemento " + i;

    element.style.color="green";

    i++;

}
```

La proprietà **style** restituisce i valori dell'attributo **style** dell'elemento selezionato come un elenco di tutte le proprietà inline di stile; quindi per impostare il colore di un elemento, è possibile utilizzare **style.color** sull'elemento stesso (**element.style.color="green";** è equivalente a **element.style["color"]="green";**).

Invece di utilizzare la proprietà **style.color**, è possibile definire una classe **green** e impostarla su un elemento usando la proprietà del DOM **classList** che restituisce una *collezione live* di nomi di classi CSS per un dato elemento. Questa è una proprietà di sola lettura, ma è possibile utilizzare alcuni metodi per modificarne il valore, come ad esempio **add()** che aggiunge una classe, **remove()** che rimuove una classe e **toggle()** che aggiunge una classe se questa non è impostata o la rimuove nel caso in cui sia già impostata.

Ad esempio, data la seguente regola CSS:

```
.green {
    color: green;
  }
```

È possibile riscrivere il precedente codice in questo modo:

```
let my_list = document.querySelector("#list_1");
let elements = my_list.querySelectorAll("li");
var i=1;
for (element of elements)
{
  element.innerHTML="Elemento " + i;
  element.classList.add("green");
  i++;
}
```

Per aggiungere la classe **green** a ciascun elemento **<li>**, è necessario utilizzare il metodo **add()** della proprietà **classList** dell'elemento selezionato a ogni iterazione.

Invece, se si vuole rimuovere la classe **blue** dal paragrafo con attributo **id** pari a **DDD**, è possibile utilizzare il metodo **remove()** di **classList** in questo modo:

```
document.getElementById("DDD").classList.remove("blue");
```

Infine, data la seguente regola CSS:

```
.hide {
 display: none;
}
```

È possibile nascondere il secondo **<div>** utilizzando:

```
document.querySelector("#div_b").classList.add("hide");
```

Oppure anche utilizzando:

```
document.querySelector("#div_b").setAttribute("class", "hide");
```

Il metodo **setAttribute()** viene, infatti, utilizzato per impostare un valore per un attributo di uno specifico elemento secondo la seguente sintassi: **setAttribute(name, value)** dove **name** è una stringa che rappresenta il nome dell'attributo e **value** è una stringa che rappresenta il valore dell'attributo (qualsiasi valore non stringa viene automaticamente convertito in una stringa). Nell'esempio precedente, **<div>** non ha classi, ma se un elemento avesse più classi è necessario indicarle tutte all'interno di **setAttribute()**.

È anche possibile nascondere il secondo **<div>** in questo modo:

```
document.querySelector("#div_b").style.display="none";
```

Oppure usando la *notazione di tipo array*:

```
document.querySelector("#div_b").style["display"]="none";
```

Ma anche usando:

```
document.querySelector("#div_b").setAttribute("style", "display:none");
```

Come si può notare, esistono più modi per ottenere uno stesso risultato, ma se una proprietà CSS contiene un trattino (-), è necessario utilizzare la notazione di tipo array per accedere a questa proprietà.

Un'altra alternativa potrebbe essere impostare l'attributo **hidden** in questo modo:

```
document.querySelector("#div_b").setAttribute("hidden", "");
```

Come valore si può semplicemente usare una stringa vuota, il nome dell'attributo stesso o una qualsiasi altra stringa (il valore non è importante). In un secondo momento, è possibile rimuovere questo attributo utilizzando il metodo **removeAttribute()**:

```
document.querySelector("#div_b").removeAttribute("hidden");
```

Il metodo **removeAttribute()** viene infatti utilizzato per rimuovere l'attributo specificato tra parentesi da un particolare elemento.

In genere, queste azioni sono associate a eventi particolari relativi a specifici elementi presenti in un form; ad esempio, il seguente pulsante può essere utilizzato per nascondere o mostrare il secondo **<div>**:

```
<input type="button" onclick =
 "document.querySelector('#div_b').classList.toggle('hide');"
value="Nascondi/Mostra Elemento">
```

Supponendo che l'elemento **<div>** non abbia alcuna classe, quando si preme il pulsante, la classe **hide** viene aggiunta a questo elemento, azione che di fatto nasconde il **<div>**; se si preme nuovamente il pulsante la stessa classe viene poi rimossa, mostrando quindi l'elemento.

In generale, è quindi possibile creare eventi personalizzati per diversi elementi HTML che utilizzano funzioni di base o di livello DOM. Ad esempio, si può utilizzare il seguente codice per creare un pulsante che, quando cliccato, rende il testo dell'elemento con attributo **id** pari a **EEE** di colore giallo.

```
<input type="button" onclick =

"document.querySelector('#EEE').setAttribute('style', 'color:yellow');"

value="Cambia Colore">
```

È anche possibile creare una funzione JavaScript che rende di colore giallo il testo dell'elemento il cui attributo **id** viene passato come argomento:

```
function make_yellow(id)

{

  document.querySelector('#'+id).style.color='yellow';

}
```

Tale funzione può essere riutilizzata più volte, semplificando quindi il codice; ad esempio, l'elemento **<input>** analizzato in precedenza può essere riscritto in questo modo:

```
<input   type="button"   onclick="make_yellow('EEE')"   value="Cambia
Colore">
```

È possibile poi aggiungere funzionalità extra, come ad esempio quella qui sotto indicata che rende il testo di colore nero nel caso in cui il pulsante venga nuovamente cliccato:

```
function make_yellow(id)

{

  if(document.querySelector('#'+id).style.color=='yellow') {

    document.querySelector('#'+id).style.color='black';

  }

  else {

    document.querySelector('#'+id).style.color='yellow';
```

```
    }

}
```

Come si può facilmente immaginare, è possibile creare innumerevoli funzioni e modificarle a piacimento.

Prima di concludere questo argomento, riportiamo una porzione di codice che può essere utilizzata per identificare tutte le classi e tutti gli attributi di uno specifico elemento HTML e alcune considerazioni sui metodi visti finora.

Ad esempio, questo è il codice per recuperare le classi e gli attributi dell'elemento con attributo **id** pari a **DDD**:

```
var classes = document.getElementById("DDD").classList;

var attributes=document.getElementById('DDD').attributes;

for(i of classes) {

    alert("Classe: " + i)

}

for (i of attributes) {

    alert("Attributo - Valore: " + i.name + " - " + i.value);

}
```

Le proprietà **attributes** e **classList** restituiscono rispettivamente una collezione di attributi e di nomi di classi CSS per uno specifico elemento HTML; pertanto, per recuperarne i valori, è necessario utilizzare due cicli **for** (le proprietà **name** e **value** restituiscono il nome e il valore dell'attributo). Il metodo **alert** visualizza un messaggio di avviso e viene generalmente utilizzato per mostrare informazioni all'utente. Per programmi semplici, può anche essere utilizzato per eseguire il debug del codice al posto di **console.log()**.

Un'ultima considerazione riguarda i metodi **getElementsByClassName()** e **getElementsByTagName()** che restituiscono una *collezione live* di elementi, collezione che viene aggiornata automaticamente quando il documento sottostante viene modificato. Dai un'occhiata a questo codice:

```
var elements = document.getElementsByClassName("my_class");

for(i of elements) {

  i.classList.remove("my_class");

}
```

Si può facilmente notare che la classe **my_class** non viene rimossa da tutti gli elementi; questo accade perché abbiamo utilizzato **getElementsByClassName()**. Il ciclo **for** invece funziona correttamente se si selezionano tutti gli elementi con **querySelectorAll()** che restituisce una lista statica:

```
var elements = document.querySelectorAll(".my_class");
```

Una soluzione alternativa potrebbe essere quella di utilizzare un ciclo **while** che rimuove ogni classe basandosi sulla proprietà **length** della collezione di elementi restituita da **document.getElementsByClassName()**. Il codice sopra riportato può quindi essere riscritto in questo modo:

```
var elements = document.getElementsByClassName("my_class");

while (elements.length) {

  elements[0].classList.remove("my_class");

}
```

# Esercizi - JavaScript

1. Scrivi un programma JavaScript che, dato un array di numeri, ne determini il minimo e il massimo.

   Puoi inserire il codice di questo programma e dei prossimi che scriverai alla fine della sezione **<body>** di un documento HTML tra i tag **<script>** e **</script>**.

   ```
   var array = [90,4,53,3,85];

   var min = array[0];

   var max = array[0];

   for(let i=1; i<array.length;i++)

   {

       // il ciclo inizia da 1 poiché min e max hanno il valore di array[0]

       if (array[i] < min ) { min = array[i]; }

       if (array[i] > max ) { max = array[i]; }

   }

   console.log('Min: '+ min + ' - Max: ' + max);
   ```

2. Elimina l'ultimo numero presente nell'array e inserisci un nuovo numero in ultima posizione. Inserisci poi un altro numero in prima posizione, elimina il numero in terza posizione e sostituiscilo con un nuovo numero. Scrivi infine l'array modificato sulla console del browser, così come il suo valore massimo e il suo valore minimo.

```
array.pop();

array.push(150);

array.unshift(1526)

array.splice(2, 1, 6239);

min = array[0];

max = array[0];

for(let i=1; i<array.length;i++)

{

  if (array[i] < min ) { min = array[i]; }

  if (array[i] > max ) { max = array[i]; }

}

console.log(array);

console.log('Min: '+ min + ' - Max: ' + max);
```

3. Crea due funzioni JavaScript che restituiscano il massimo e il minimo tra due numeri e usale nel tuo codice.

```
function f_max(a,b)

{

    if(a>b) { return a; }

    else { return b; }

}

function f_min(a,b)

{

    if(a<b) { return a; }

    else { return b; }

}
```

```
var array = [90,4,53,3,85];

var min = array[0];

var max = array[0];

for(let i=1; i<array.length;i++)

{

  min=f_min(array[i],min);

  max=f_max(array[i],max);

}

console.log('Min: '+ min + ' - Max: ' + max);

array.pop();

array.push(150);

array.unshift(1526)

array.splice(2, 1, 6239);

min = array[0];

max = array[0];

for(let i=1; i<array.length;i++)

{

  min=f_min(array[i],min);

  max=f_max(array[i],max);

}

console.log(array);

console.log('Min: '+ min + ' - Max: ' + max);
```

4. Riscrivi le due funzioni creandole con un'*espressione di funzione*.

```
const f_max = function(a,b) {

  if(a>b) { return a; }
```

```
    else { return b; }

}

const f_min = function(a,b) {

        if(a<b) { return a; }

        else { return b; }

}
```

5. Scrivi i numeri presenti nell'array sulla console del browser in ordine crescente, uno per riga.

```
for(el of array.sort(function(a, b){return a-b}))

{

    console.log(el);

}
```

6. Calcola la somma e la media dei numeri nell'array.

```
var sum = 0;

var average = 0;

for (let i=0; i<array.length; i++)

{

    sum = sum + array[i];

}

average = sum / (array.length);

console.log("Somma: " + sum + " e media " + average);
```

7. Scrivi un programma JavaScript che utilizzi un oggetto chiamato **my_item** con le proprietà nome, quantità e prezzo unitario, e un

metodo che restituisca il prezzo totale. Scrivi il valore delle proprietà e il valore restituito dal metodo sulla console del browser.

```
const my_item = {
                name: 'mela',
                quantity: 5,
                uprice: 2,
                tprice: function() { return this.quantity*this.uprice; }
            }
console.log("Oggetto: " + my_item.name + ' - Quantità: ' +
my_item.quantity+ ' - Prezzo unitario: ' + my_item.uprice + ' - Prezzo
totale:' + my_item.tprice());
```

8. Scrivi un programma JavaScript che conti il numero di vocali in una parola e registri il risultato sulla console del browser.

```
function vowel(c)
{
    let v=false;
    if(c=='a'|| c=='e'|| c=='i'|| c=='o'|| c=='u') { v=true; }
    return v;
}
function num_vowels(p)
{
    let num=0;
    let character="";
    for(let i=0;i<p.length;i++)
    {
```

```
            character=p[i];

            if(vowel(character))

               {

                   num++;

               }

         }

      return num;

}

var word = "aiuola";

var value = num_vowels(word);

console.log("La parola " + word + " contiene " + value + " vocali");
```

9. Supponi di continuare a modificare le pagine **index.html** e **newsletter.html** create in precedenza in **Esercizi - HTML**. Utilizzando JavaScript, seleziona tutti gli elementi **<h2>** presenti in **index.html** e modifica il testo dell'elemento con attributo **id** pari a **h2_BB**.

   Puoi inserire il codice JavaScript alla fine della sezione **<body>** della pagina **index.html** tra i tag **<script>** e **</script>**.

```
let my_h = document.getElementsByTagName("h2");

for (i of my_h) {

   if (i.id == "h2_BB") { i.innerHTML="Come rimanere in contatto" }

}
```

10. Seleziona tutti gli elementi **<h3>** all'interno dell'elemento **<aside>** con attributo **id** pari ad **as_AA** e aggiungi loro la classe **blue_und** che rende il testo di colore blu e sottolineato. Seleziona poi tutti gli elementi **<h3>** all'interno dell'elemento **<aside>** con attributo **id** pari ad

**as_BB** e aggiungi loro la classe **green_und** che rende il testo di colore verde e sottolineato.

Per prima cosa devi creare le seguenti classi:

```css
.green_und{

    color: green;

    text-decoration: underline;

}
.blue_und{

    color: blue;

    text-decoration: underline;

}
```

E poi devi utilizzare il seguente codice JavaScript:

```javascript
let my_element = document.getElementById("as_AA");

let elements = my_element.querySelectorAll("h3");

for (element of elements)

  {

    element.classList.add("blue_und");

  }

my_element = document.getElementById("as_BB");

elements = my_element.querySelectorAll("h3");

for (element of elements)

  {

    element.classList.add("green_und");

  }
```

11. Supponendo che l'attributo **id** dell'elenco non ordinato abbia valore **my_list_1**, aggiungi una *tooltip* a tale elenco.

document.querySelector('#my_list_1').setAttribute("title", "Parti di un elemento HTML");

12. Scrivi la data e l'ora correnti nell'elemento **<p>** con attributo **id** pari a **p_date** presente nel **<footer>** della pagina.

document.querySelector('#p_date').innerHTML += Date();

13. Crea un file JavaScript esterno da utilizzare nella pagina **newsletter.html** che rimuova la classe **red** dall'intestazione di primo livello.

Puoi inserire la seguente riga alla fine della sezione **<body>** della pagina **newsletter.html**:

<script src="customjs.js" type="text/javascript"></script>

Il file **customjs.js** conterrà il seguente codice JavaScript:

document.querySelector("#h1_id").classList.remove("red");

14. Aggiungi del codice JavaScript al file **customjs.js** che nasconda tutti gli elementi **<p>** all'interno dell'elemento **<div>** con attributo **id** pari a **div_AA**.

let my_element = document.getElementById('div_AA');

let elements = my_element.querySelectorAll('p');

for (element of elements)

{ element.setAttribute("hidden", ""); }

15. Crea un file JavaScript esterno da utilizzare nella pagina **newsletter.html** dove inserirai due funzioni JavaScript: la prima deve rendere lo sfondo dei campi **first_name**, **last_name** ed **email** di colore giallo quando il campo ha il focus, mentre la seconda deve rendere lo sfondo di colore bianco quando il campo perde il focus. Aggiungi anche un minimo controllo sul campo **email** che mostri all'utente una casella di avviso se tale campo non contiene il carattere **@**.

Puoi inserire la seguente riga alla fine della sezione **<head>** della pagina **newsletter.html**:

```
<script src="functionjs.js" type="text/javascript"></script>
```

Il file **functionjs.js** conterrà le seguenti funzioni:

```
function Ifocus(id)
{
   document.getElementById(id).style.backgroundColor='yellow';
}
function Ofocus(id)
{
   document.getElementById(id).style.backgroundColor='white';
   if(id=='email')
      {
          let text = document.getElementById(id).value;
          let result = text.includes("@");
          if(result==false)
             {
                 alert("Carattere @ non trovato");
```

```
                    document.getElementById(id).value = "";

            }

        }

    }
```

Infine, devi aggiungere gli eventi **onfocus** e **onfocusout** ai campi **first_name**, **last_name** ed **email**.

```
<input type="text" name="first_name" id="first_name" required
onfocus="Ifocus('first_name')" onfocusout="Ofocus('first_name')">

<input type="text" name="last_name" id="last_name" required
onfocus="Ifocus('last_name')" onfocusout="Ofocus('last_name')">

<input type="email" name="email" id="email" required
onfocus="Ifocus('email')" onfocusout="Ofocus('email')">
```

# Node.js

## Informazioni generali

Node.js è un ambiente runtime JavaScript (open source e multipiattaforma) che consente di eseguire codice JavaScript lato server, ovvero al di fuori del browser web. Uno sviluppatore che conosce già JavaScript e sviluppa applicazioni lato front-end può anche sviluppare applicazioni lato back-end senza avere la necessità di conoscere un altro linguaggio di programmazione. Uno sviluppatore con conoscenze sia front-end sia back-end è chiamato *sviluppatore full stack*. Pertanto, conoscendo anche solo JavaScript come linguaggio di programmazione, è possibile creare applicazioni complete e funzionali.

Le principali caratteristiche di Node.js sono:

- Ambiente di esecuzione a thread singolo - Node.js utilizza l'architettura *Single Threaded Event Loop* per gestire più richieste client

- Elaborazione I/O asincrona e non bloccante

- Ambiente adatto per applicazioni altamente scalabili e molto veloci, ma non per attività ad alta intensità di calcolo

La componente principale di un'applicazione Node.js è l'*event loop*, responsabile del continuo controllo delle attività completate e in sospeso. Nel caso in cui ci sia un'operazione asincrona e molto lunga come ad esempio un'operazione di I/O, l'event loop verifica che sia stata eseguita e, in caso contrario, esegue altre operazioni veloci che la seguono. Una volta terminata l'operazione in esecuzione in background, l'applicazione elabora l'output tramite una *funzione di callback*. Grazie a questo meccanismo, un'operazione asincrona molto lunga non blocca le altre operazioni veloci che la seguono.

Dopo aver scaricato e installato Node.js (cerca la versione più recente nel tuo motore di ricerca preferito), si può digitare **node** sul prompt dei comandi per accedere all'ambiente in cui poter eseguire il codice JavaScript:

C:\>node

Welcome to Node.js v18.16.0.

Type ".help" for more information.

> var my_var="Hello World"; console.log(my_var);

Hello World

Il codice JavaScript verrà quindi eseguito al di fuori del browser e il risultato (**Hello World**) verrà visualizzato sul prompt. È però sicuramente più comodo scrivere il proprio codice JavaScript all'interno di un file (con estensione .js) affinché possa essere eseguito più volte in tempi diversi. Quindi, una volta scritte le due istruzioni precedenti (**var my_var="Hello World"; console.log(my_var);**) nel file **example.js**, è possibile eseguire il codice JavaScript con il comando **node example.js**. Se il file non si trova nella directory di lavoro corrente, è necessario specificare il suo percorso completo. Il risultato sarà lo stesso. Per uscire dall'ambiente, è necessario digitare il comando **.exit**.

Per prendere dimestichezza con Node.js possiamo creare un nuovo file (**example1.js**) nella directory di lavoro corrente con il seguente codice che restituisce la somma di due numeri:

```
function sum(a,b){
        let c=a+b;
        return c;
```

```
}
let a=10;

let b=4;

let c=sum(a,b);

console.log ("Somma: ", c);
```

Per eseguire il codice JavaScript, è necessario utilizzare il comando **node example1.js**.

Come esercizio, si possono creare più programmi JavaScript che usano le variabili, gli oggetti o gli array visti nel capitolo precedente, così come funzioni, cicli e istruzioni condizionali, e poi testarne il funzionamento all'interno di questo ambiente di lavoro.

# Moduli

Il codice sorgente viene solitamente suddiviso in piccole parti, ciascuna con una funzione specifica. Un blocco di codice può quindi essere inserito in un modulo ed essere elaborato da altri pezzi di codice. È quindi necessario creare un file .js contenente un'istruzione di esportazione del modulo che verrà poi chiamato all'interno del file principale del programma utilizzando la parola chiave **require**. In questo modo il programma principale avrà una dimensione più piccola e sarà più facile da gestire.

Creiamo un file **algop.js** contenente un'istruzione di esportazione:

```
function sum(a,b){

let c=a+b;

return c;

}
function diff(a,b){

let c=a-b;
```

```
return c;

}

function mul(a,b){

let c=a*b;

return c;

}

function div(a,b){

let c=a/b;

return c;

}

module.exports = {

    sum, diff, mul, div

}
```

Possiamo quindi caricare tale file nell'applicazione Node.js principale (ad esempio il file **my_app.js**) utilizzando la parola chiave **required**; in questo modo sarà possibile utilizzare tutte le funzioni definite al suo interno.

```
const ao = require('./algop.js');

let a=2;

let b=4;

console.log("Semplici operazioni con 2 numeri: " + a + " " + b);

console.log("Addizione: ",ao.sum(a,b));

console.log("Sottrazione: ",ao.diff(a,b));

console.log("Moltiplicazione: ",ao.mul(a,b));

console.log("Divisione: ",ao.div(a,b));
```

Eseguendo il comando **node my_app.js**, verrà visualizzato sul prompt il risultato delle quattro operazioni algebriche definite all'interno del file **algop.js**.

# Node Package Manager

Il *Node Package Manager* (NPM) è sicuramente lo strumento principale per la gestione dei pacchetti all'interno di un progetto Node.js. Un pacchetto contiene tutti i file necessari per uno specifico modulo che si vuole includere nell'applicazione Node.js principale. NPM è costituito da un repository online di pacchetti (il *registro npm*) e da uno strumento a riga di comando (*npm*) per interagire con questo repository (di solito viene installato sul sistema con Node.js)

È possibile scoprire la propria versione di **npm** digitando dal prompt **npm -v** (se non hai l'ultima versione disponibile ti consiglio di scaricarla e di installarla). A questo punto, possiamo iniziare a creare un primo progetto Node.js in una directory specifica utilizzando **npm init**. Questo comando porrà alcune domande sul progetto (ad esempio il nome, la descrizione, le parole chiave e l'autore) e genererà un file **package.json** che descrive tutte le proprietà e le dipendenze del progetto. È possibile accettare tutti i valori predefiniti usando **npm init -y** o **npm init --yes**.

Dopo aver creato il progetto, il passo successivo sarà installare tutti i moduli necessari all'applicazione Node.js. Il comando **npm install** (o **npm i**) seguito dal nome di un modulo viene utilizzato per installare il modulo specificato e tutti gli altri moduli da cui dipende nella directory **node_modules** nella directory di lavoro corrente. Questo comando aggiungerà anche il modulo specificato nelle dipendenze di **package.json** e creerà **package-lock.json**, un file che descrive l'esatto albero delle dipendenze ed è utilizzato come *fallback* se **package.json** ha problemi di esecuzione. Il comando **npm install** salva, per impostazione predefinita, il modulo specificato nella sezione **dependencies** del file **package.json** (equivale a usare **-P** o **--save-prod**), ma è anche possibile specificare opzioni che ne modifichino il comportamento (ad esempio **-D** o **--save-dev** per inserire il modulo in **devDependencies** affinché sia utilizzato solamente in modalità sviluppo). Se si vuole installare un modulo a livello globale per tutti i progetti del sistema, è necessario utilizzare l'opzione **-g** (**--global**). Se si dispone già di un file **package.json**, si può semplicemente digitare **npm install** (o **npm i**) per installare tutti i moduli che sono elencati come dipendenze in **package.json**. È possibile utilizzare questo comando per *fare* il *fork* o la *clonazione* di un progetto Node.js; una volta eseguito, è possibile controllare tutti i moduli installati localmente usando **npm ls**. La cartella **node_modules**, generalmente di grandi dimensioni, non viene inviata su repository remoti ad esempio con GIT poiché tutte le dipendenze possono essere trovate in **package.json** e possono essere installate semplicemente con **npm install**.

Altri due utili comandi sono **npm update** e **npm uninstall**. Il comando **npm update** seguito dal nome di un modulo viene utilizzato per aggiornare il modulo specificato all'ultima versione, installando anche i moduli mancanti e rispettando i vincoli del modulo e le sue dipendenze (il comando deve essere eseguito nella directory in cui si trova il modulo). Se non viene fornito alcun nome, verranno aggiornati tutti i moduli che si trovano nella cartella in cui viene eseguito il comando. Per impostazione predefinita, **npm update** non aggiorna i valori delle dipendenze dirette nel file **package.json**; per aggiornarli è necessario utilizzare l'opzione **--save**. Se si desidera aggiornare un modulo installato globalmente, è necessario utilizzare l'opzione **-g** (**--global**). Il comando **npm uninstall** seguito dal nome di un modulo viene invece utilizzato per rimuovere il modulo specificato dal progetto (il comando deve essere eseguito nella directory in cui si trova il modulo). Una volta eseguito, il modulo non sarà più elencato come dipendenza nel file **package.json**. Per rimuovere un modulo globalmente, è necessario utilizzare l'opzione **-g** (**--global**).

Useremo questi comandi nei prossimi paragrafi.

# Express

Node.js deve gestire le richieste HTTP dei client, ovvero si deve occupare della parte back-end di un'applicazione web. È possibile implementare le funzionalità base di un server HTTP in diversi modi, ma sicuramente uno dei più semplici consiste nell'utilizzare Express.js o semplicemente Express, un framework molto popolare per applicazioni web Node.js.

Creiamo quindi una cartella **test** ed eseguiamo il comando **npm init** per inizializzare il nostro progetto Node.js. Una volta fatto, possiamo eseguire il comando **npm install express** per installare il modulo **express**: la cartella **node_modules** verrà creata nella directory di progetto e i file **package.json** e **package-lock.json** avranno al loro interno **express** come dipendenza. Creiamo infine un file **index.js** che sarà il file principale dell'applicazione web:

```
const express = require('express')

const app = express()

const host = "localhost"

const port = 8080

app.listen(port, host, function () {

  console.log("Server http://" + host + ":" + port)

})
```

Per prima cosa carichiamo il modulo **express** nell'applicazione Node.js (come già visto, la parola chiave **required** viene utilizzata per caricare un modulo precedentemente installato) e poi creiamo un'istanza del modulo (**app**) che esegue l'applicazione (da qui in poi chiamata semplicemente *applicazione Express*). L'oggetto **app** verrà associato alle azioni che il server può eseguire. Ad esempio, il metodo **listen** viene utilizzato per avviare un server e rimanere in ascolto (in attesa di connessioni) sull'host (**localhost**) e sulla porta (**8080**) specificati. Se la porta non è indicata o è 0, il sistema operativo assegnerà una porta arbitraria non utilizzata (estremamente comodo in caso di attività automatizzate). Nell'esempio sopra riportato abbiamo anche specificato una funzione di callback che viene eseguita quando l'applicazione Express resta in ascolto sull'host e sulla porta specificati e che registra un semplice messaggio per scopi di debug. Eseguendo il comando **node index.js**, verranno solamente visualizzate informazioni sul server HTTP in ascolto, niente di più. Per aggiungere funzionalità al server, è necessario definire delle *rotte* (*routes*) che corrispondono alle richieste che un client può fare al server. La sintassi base da utilizzare è **app.method(path, callback)** dove **method** rappresenta il metodo HTTP della richiesta (ad esempio get o post), **path** rappresenta il percorso servito dalla rotta e **callback** è una funzione che viene chiamata quando l'applicazione riceve una richiesta HTTP per il percorso specificato. Per indicare la radice del sito, è necessario utilizzare **/** come **path**. Se si tenta di accedere a una rotta non definita, ad esempio specificando un percorso non valido, si otterrà la risposta **404 Not Found**.

Ad esempio, si può utilizzare il seguente codice nel file **index.js** per specificare una rotta che restituisce la stringa **GET - OK** ogni volta che l'applicazione Express riceve una richiesta HTTP GET per il percorso **test-get**:

```
app.get('/test-get', function (req, res) {

  res.send('GET - OK')

})
```

Il parametro **req**, che sta per *request*, è un oggetto contenente informazioni sulla richiesta HTTP, mentre **res**, che sta per *response*, è un oggetto contenente informazioni sulla risposta HTTP. Il metodo **res.send()** viene utilizzato per inviare la risposta HTTP, in questo caso la stringa **GET - OK**.

Una volta eseguita l'applicazione web con il comando **node index.js**, possiamo testarne il funzionamento navigando all'indirizzo **http://localhost:8080/test-get** e, se tutto è corretto, vedremo visualizzata la stringa **GET - OK**. In alternativa, è possibile utilizzare **curl**, uno strumento a riga di comando che trasferisce dati da o verso un server e che supporta diversi protocolli tra cui HTTP e HTTPS (nella sua forma più semplice consente di effettuare richieste HTTP GET e POST). Pertanto, digitando **curl http://localhost:8080/test-get** sul prompt, verrà visualizzata la stringa **GET - OK** (il comando **curl** seguito da un URL senza alcuna opzione viene utilizzato per effettuare una richiesta HTTP GET all'URL di destinazione). L'opzione **-v** (**--verbose**) mostra informazioni aggiuntive come ad esempio le intestazioni HTTP della richiesta e della risposta ed è estremamente utile per scopi di debug.

Allo stesso modo, è possibile utilizzare il seguente codice nel file **index.js** per specificare una rotta che restituisce **POST - OK** ogni volta che l'applicazione Express riceve una richiesta HTTP POST per il percorso **test-post**:

```
app.post('/test-post', function (req, res) {

  res.send('POST - OK')

})
```

Per testarne il funzionamento possiamo usare il comando **curl http://localhost:8080/test-post --data message="Test-post"**. L'opzione **-d** (**--data**) viene utilizzata per inviare i dati specificati al server in una richiesta POST, così come farebbe il browser web dopo che un utente ha premuto il pulsante di invio in un form HTML. Esaminando i dettagli in modalità *verbose* si può notare che, in effetti, **content-type** ha valore **application/x-www-form-urlencoded**. Per analizzare le richieste in arrivo con *payload urlencoded* ed elaborare correttamente il corpo della richiesta, è necessario utilizzare uno specifico *middleware* chiamato **express.urlencoded** e *montarlo* con **app.use()**. È possibile specificare diverse proprietà, tra cui **extended**, che consente di indicare la libreria utilizzata per analizzare i dati urlencoded (la libreria **querystring** quando è impostato il valore **false** o la libreria **qs** quando è impostato il valore **true**). Il seguente esempio chiarirà quanto appena spiegato:

```
app.use(express.urlencoded({ extended: true }))

app.post('/name_surname', function (req, res) {
```

```
  res.send('Hello ' + req.body.name + " " + req.body.surname )

})
```

L'esempio sopra riportato restituisce i campi **name** e **surname** presenti nel corpo della richiesta: l'oggetto **req.body** contiene, infatti, i dati, nella forma chiave-valore, inviati nel corpo della richiesta e per accedere a un singolo campo è necessario utilizzare la sintassi **req.body.field_name**. È possibile testare il funzionamento di questa rotta utilizzando il comando **curl http://localhost:8080/name_surname --data name="John" -- data surname="Smith"**.

Con il metodo GET, se si passano parametri tramite query string, è possibile recuperarli utilizzando l'oggetto **req.query** come si può vedere nella seguente rotta:

```
app.get('/user', function (req, res) {

  res.send("Hello "+ req.query.name + " " + req.query.surname)

})
```

Nell'esempio sopra riportato, è possibile accedere ai parametri **name** e **surname** specificati all'interno dell'URL utilizzando rispettivamente **req.query.name** e **req.query.surname**. Per testare il funzionamento della rotta possiamo navigare con il browser web all'indirizzo **http://localhost:8080/user?name=John&surname=Smith** o usare **curl "http://localhost:8080/user?name=John&surname=Smith"**. Sarà quindi visualizzata la stringa **Hello John Smith** sul browser o sul prompt dei comandi. Nello sviluppo di applicazioni web, l'oggetto **req.query** viene utilizzato per implementare meccanismi di paginazione e per filtrare, cercare e ordinare dati.

Infine, riportiamo alcuni metodi estremamente utili che consentono di impostare e inviare specifiche risposte all'interno di una applicazione Express:

- **res.status()**: viene utilizzato per impostare il codice di stato della risposta

- **res.send()**: viene utilizzato per inviare una stringa di risposta in un formato diverso da JSON (ad esempio testo in chiaro o XML) - se non viene fornito alcun argomento, viene inviato solo il codice di stato (nessun corpo di risposta) - è normalmente l'ultima riga di codice che l'applicazione Express dovrebbe eseguire per una richiesta specifica

- **res.json()**: viene utilizzato per inviare una risposta con uno specifico **content-type**, ovvero il parametro specificato convertito in una stringa JSON (il parametro può essere un qualsiasi tipo JSON, tra cui un oggetto, un array, una stringa, un valore booleano, un numero o null, ma è anche possibile utilizzare tale metodo per convertire altri valori in JSON) - normalmente è l'ultima riga di codice che l'applicazione Express dovrebbe eseguire per una richiesta specifica - ricorda che JSON, acronimo di *JavaScript Object Notation*, è un formato testuale per strutturare/aggregare dati (secondo il formato chiave-valore) in grado di creare informazioni di più alto livello ed estremamente utile nei casi in cui le risposte devono essere elaborate dai client

- **res.sendStatus()**: viene utilizzato per impostare il codice di stato della risposta e inviare il corrispondente messaggio come corpo della risposta - se viene fornito un codice di stato sconosciuto, il corpo della risposta sarà semplicemente il numero di codice - normalmente è l'ultima riga di codice che l'applicazione Express dovrebbe eseguire per una richiesta specifica

# I parametri di rotta

I *parametri di rotta* sono essenzialmente dei segmenti di URL utilizzati per memorizzare specifici valori. Express estrae ogni valore dalla corrispondente sezione all'interno dell'URL e lo memorizza nell'oggetto **req.params**. È possibile specificare più parametri di rotta avendo cura di inserire prima di ogni parametro il carattere due punti. Dai un'occhiata al seguente esempio:

```
app.get('/username/:name/:surname', function (req, res) {

  res.send("Hello "+ req.params.name + " " + req.params.surname)

})
```

La rotta nell'esempio sopra riportato specifica due parametri: **name** e **surname** a cui si può accedere all'interno della funzione di callback utilizzando rispettivamente **req.params.name** e **req.params.surname**. È possibile testare il funzionamento di questa rotta navigando con il browser all'indirizzo **http://localhost:8080/username/John/Smith** o usando il comando **curl http://localhost:8080/username/John/Smith**. Sarà quindi visualizzata la stringa **Hello John Smith** sul browser o sul prompt dei comandi.

È possibile utilizzare i parametri di rotta per creare rotte dinamiche, ad esempio per visualizzare i contenuti in base a uno specifico ID o in base a un certo input.

# Richiesta e risposta

Come visto nei precedenti paragrafi, il parametro **req** è un oggetto contenente informazioni sulla richiesta HTTP, mentre il parametro **res** è un oggetto contenente informazioni sulla risposta HTTP. È possibile accedere alle intestazioni delle richieste HTTP utilizzando l'oggetto **req.headers** nelle diverse rotte.

```
app.get('/request', function (req, res) {

      res.send(req.headers)

})
```

Per accedere alle singole proprietà è possibile utilizzare la sintassi **req.headers.propertyName** o **req.headers['propertyName']**. Ad esempio, se si vuole inviare la proprietà **accept**, è possibile utilizzare il metodo **res.send(req.headers.accept)** o in alternativa **res.send(req.headers['accept']);** in ogni caso, se una proprietà contiene un trattino, si deve utilizzare la notazione con le parentesi quadre (ad esempio **res.send(req.headers['user-agent'])** per la proprietà **user-agent**).

Un altro modo per accedere a una singola proprietà consiste nell'utilizzare il metodo **req.header()** specificando la proprietà richiesta tra parentesi. Pertanto, per inviare la proprietà **accept**, è possibile utilizzare **res.send(req.header('accept'))**, mentre per inviare la proprietà **user-agent**, è possibile utilizzare **res.send(req.header('user-agent'))**.

Una menzione speciale va alla proprietà **ip** dell'oggetto **req** che contiene l'indirizzo IP del client che effettua la richiesta. Se si utilizza **res.send(req.ip)** all'interno di una rotta e si naviga con il browser all'indirizzo specificato dalla rotta, verrà visualizzato **::1**, che rappresenta l'indirizzo *IPv6 localhost* che identifica la macchina che si sta utilizzando.

È anche possibile modificare un valore di intestazione HTTP della risposta; per farlo è necessario utilizzare **res.set()**. Ad esempio, è possibile usare **res.set('Content-Type', 'application/json')** per indicare al client che il tipo di contenuto di ciò che viene effettivamente restituito è **application/json**. Una scorciatoia per la sintassi sopra riportata è **res.type('application/json')** o **res.type('json')**. Invece, se si vuole ottenere uno specifico campo di intestazione della risposta HTTP, è possibile utilizzare il metodo **res.get()** specificando il nome del campo tra parentesi (il confronto non fa distinzione tra lettere maiuscole e minuscole). Un esempio è il seguente:

```
app.get('/response', function (req, res) {
    res.type('text/plain')
    console.log(res.get('Content-Type'))
    res.send('Richiesta Accettata')
})
```

L'esempio precedente modifica semplicemente il tipo di contenuto restituito, registra questa modifica e poi invia la stringa **Richiesta**

**Accettata** al client. In alternativa è anche possibile utilizzare **res.getHeader('Content-Type')** al posto di **res.get('Content-Type')**.

Infine, un altro metodo utile da tenere a mente è **res.getHeaders()**, un metodo integrato nel modulo **http** introdotto nelle versioni più recenti che restituisce una *copia superficiale* (shallow copy) delle intestazioni in uscita correnti.

# I Cookie

Come descritto nel primo capitolo, i cookie sono piccoli file di dati che vengono salvati sul computer dai siti web visitati dall'utente. Ogni volta che l'utente accede a un sito web, i cookie salvati in precedenza vengono inviati con la richiesta di accesso. Questo può essere di grande aiuto consentendo di implementare una ottimale gestione delle sessioni e di salvare le preferenze dell'utente migliorandone l'esperienza di navigazione (un client che ha effettuato la richiesta al server può infatti essere identificato tramite i cookie).

Per utilizzare i cookie con Express.js, è necessario installare il middleware **cookie-parser** con il comando **npm install cookie-parser**. Questo middleware analizza i cookie inviati con la richiesta del client e popola **req.cookies** con un oggetto contenente coppie di tipo *nome-valore* di nomi di cookie e rispettivi valori. Si può anche abilitare in modo opzionale il supporto per i cookie firmati fornendo una stringa **secret**; in questo caso viene utilizzato **req.signedCookies** (un cookie firmato è protetto dalle modifiche da parte del client).

Una volta installato il middleware **cookie-parser**, è necessario caricarlo e montarlo nell'applicazione Express (ad esempio il file **index.js**) con:

```
const cookieParser = require('cookie-parser')
```

```
app.use(cookieParser())
```

Prima di creare una rotta che utilizzi i cookie, è possibile installare il modulo **uuid** con il comando **npm install uuid** e caricarlo nell'applicazione

Express con **const { v4: uuidv4 } = require('uuid')**. Questo modulo viene utilizzato per generare un UUID (Universally Unique Identifier) e può quindi essere utile per creare un identificativo per i cookie.

Dopo questi piccoli accorgimenti, si può aggiungere una nuova rotta nel file **index.js**:

```
app.get('/test-cookie', function (req, res) {
  let c_id = req.cookies.my_cookie
  if ( c_id === undefined )
  {
    c_id = uuidv4()
    let exp_date = new Date(Date.now());
    exp_date.setDate(exp_date.getDate() + 5);
    res.cookie('my_cookie', c_id, { expires: exp_date })
    res.send("Benvenuto sulla mia pagina!")
  }
  else
  {
    let exp_date = new Date(Date.now());
    exp_date.setDate(exp_date.getDate() + 5);
    res.cookie('my_cookie', c_id, { expires: exp_date })
    res.send("Sono contento di ritrovarti sulla mia pagina!")
  }
})
```

Se si effettua una richiesta per il percorso **test-cookie** per la prima volta, si riceverà il messaggio **Benvenuto sulla mia pagina!** insieme a un nuovo cookie (**my_cookie**) con uno specifico valore (la variabile **c_id** contiene un UUID generato con **uuidv4()**) e una data di scadenza, fissata tra cinque giorni. Se poi si effettua un'altra richiesta per lo stesso percorso e il cookie è ancora valido, si riceverà il messaggio **Sono contento di ritrovarti sulla mia pagina!** e il cookie verrà sostituito impostando una nuova data di scadenza. L'oggetto **req.cookies** contiene il cookie inviato con la richiesta, mentre il metodo **res.cookie()** imposta il cookie da inviare al client.

È possibile verificare il funzionamento della rotta utilizzando il browser web o il comando **curl**; in quest'ultimo caso, bisogna ricordarsi di utilizzare l'opzione **-c** (**--cookie-jar**) per specificare il file in cui **curl** deve salvare i cookie e l'opzione **-b** (**--cookie**) per inviare i dati al server HTTP come cookie (**curl http://localhost:8080/test-cookie -c cookie.txt -b cookie.txt**).

# Come servire file statici

I file statici sono i file che non cambiano nel tempo, come ad esempio le immagini, i file CSS e i file HTML. Express può servire file statici utilizzando uno specifico middleware, ovvero una funzione speciale a cui Express passa le richieste prima di inviarle alle rotte.

Per prima cosa creiamo un nuovo progetto in una nuova cartella e lo inizializziamo con **npm init**. Poi installiamo il modulo **express** con **npm install express** e creiamo una nuova cartella nella directory di progetto chiamata **static_files** in cui verranno posizionati i file statici che saranno visualizzati.

Questo sarà il nostro file **index.js**:

```
const express = require('express')

const app = express()

const host = "localhost"

const port = 8080

app.use(express.static('static_files'))
```

```
app.listen(port, host, function () {

console.log("Server http://" + host + ":" + port)

})
```

Il middleware **express.static()** viene utilizzato per trovare e restituire i file statici richiesti dai client; affinché ciò avvenga, è sufficiente specificare il nome della directory in cui si trovano le risorse statiche (nel nostro caso la cartella **static_files**). Per caricare questo middleware è necessario utilizzare il metodo **app.use()**.

Per testare il corretto funzionamento dell'applicazione, possiamo creare due file nella directory **static_files**: una immagine **a.png** e un file **index.html** con il codice sotto riportato.

```html
<!DOCTYPE html>

<html>

        <head>

                <title> File statici in Express </title>

        </head>

        <body>

                <h1> Questo è un file statico </h1>

                <img src="a.png" alt="my image">

        </body>

</html>
```

Se si avvia l'applicazione Express e si naviga con il browser all'indirizzo **http://localhost:8080**, si potrà vedere la pagina statica **index.html**; questo perché il percorso radice è ora impostato sulla directory **static_files**.

Se si crea una directory **images** in **static_files** con altre due immagini (**b.png** e **c.png**), è possibile caricare tutti i file statici utilizzando:

- http://localhost:8080/index.html

- http://localhost:8080/a.png

- http://localhost:8080/images/b.png

- http://localhost:8080/images/c.png

Express cerca i file relativi alla directory **static_files** e per tale motivo il nome di questa cartella non farà parte dell'URL.

È anche possibile impostare più directory statiche: l'unica cosa da fare sarà chiamare **express.static** più volte ed Express cercherà i file nell'ordine esatto in cui sono state impostate le directory. In questo caso, potrebbe essere utile fornire un *prefisso di percorso virtuale* (*virtual path prefix*) per servire i file statici in una cartella specifica (i prefissi possono essere utilizzati per distinguere tra più directory). Ad esempio, si può aggiungere la seguente riga all'interno del file **index.js** appena dopo **app.use(express.static('static_files'))** per utilizzare la directory statica **private_images** con il prefisso **/all**:

**app.use('/all', express.static('private images'))**

Quindi, se si crea la cartella **private_images** all'interno della directory di progetto con le immagini **d.png** ed **e.png**, queste potranno essere caricate utilizzando:

- http://localhost:8080/all/d.png

- http://localhost:8080/all/e.png

Infine, se si sostituisce **<img src="a.png" alt="my image">** con **<img src="/all/e.png" alt="my new image">** nel file **index.html**, sarà visualizzata questa nuova immagine all'interno della pagina statica.

Come si può immaginare, un percorso virtuale è molto utile per nascondere i nomi delle cartelle reali nell'URL, dal momento che questo non esiste all'interno del file system.

# Come servire file dinamici - Embedded JavaScript

I file dinamici sono file generati in tempo reale, nel momento in cui viene fatta una richiesta al server. Esistono diversi *motori di template* per applicazioni web che consentono di visualizzare file dinamici, tra cui Handlebars, EJS e Pug. Per i nostri progetti utilizzeremo EJS.

Embedded JavaScript, EJS in breve, è uno dei migliori motori di template per JavaScript. È molto popolare poiché usa la sintassi HTML e consente l'interpolazione dei dati. Il codice JavaScript incorporato in un template EJS viene sostituito con dei valori reali e il template viene trasformato in un file HTML, che viene poi inviato al client. I file EJS hanno estensione **.ejs**.

Per fare un po' di pratica, possiamo creare un nuovo progetto in una nuova cartella inizializzandolo con **npm init** e poi possiamo installare i moduli **express** ed **ejs** con **npm install express ejs**. Dopo l'installazione, creiamo un file **index.js** e una cartella **views** nella directory di progetto in cui verrà inserito il file di template **index.ejs**. In EJS, **views** è, di fatto, la cartella predefinita nella directory di progetto in cui si trovano i file di template. È anche possibile impostare una directory personalizzata usando **app.set('views', 'custom_directory')**. Per impostare EJS come motore di template per l'applicazione Express, è necessario specificare **app.set('view engine', 'ejs')** nel file dell'applicazione.

Creiamo il file **index.js** con il seguente codice:

```
const express = require('express')

const app = express()

const host = "localhost"

const port = 8080

app.set('view engine', 'ejs')

app.get('/', function (req, res) {
```

```
  res.render('index')
})
app.listen(port, host, function () {
  console.log("Server http://" + host + ":" + port)
})
```

Creiamo poi il file **index.ejs** in questo modo:

```
<!DOCTYPE html>
<html>
  <head>
    <title> EJS TEMPLATE </title>
  </head>
  <body>
        <h1> Ciao a tutti </h1>
        <p> Questo è un template EJS </p>
  </body>
</html>
```

Dopo aver eseguito il comando **node index.js** nel terminale, navigando all'indirizzo **http://localhost:8080/**, verrà visualizzata una pagina HTML con l'intestazione e il paragrafo specificati nel file **index.ejs**. Il metodo **res.render()** viene, infatti, utilizzato per eseguire il rendering di un file di template (in questo caso **index**) e inviare i dati HTML al client. L'estensione del file di template **.ejs** non è indicata poiché viene risolta automaticamente da Express.

Dal momento che EJS può generare markup HTML con codice JavaScript, è anche possibile passare delle variabili (contenuto dinamico) al template tramite **res.render()**. Ad esempio, possiamo creare un oggetto nel file **index.js** e poi modificare la rotta come segue:

```
const whoami = { Fname: 'John', Lname: 'Smith' }
app.get('/', function (req, res) {
res.render('index', { title: 'EJS TEMPLATE', whoami: whoami })
})
```

Il metodo **res.render()** utilizza, in questo caso, anche un oggetto le cui proprietà definiscono le variabili locali da utilizzare nel template. Se si sostituisce l'elemento **<title>** in **index.ejs** con **<title> <%= title %> </title>** e si aggiunge un nuovo paragrafo **<p> I am <%= whoami.Fname %> <%=whoami.Lname %> </p>**, si può notare che il codice **<%= title %>** nella pagina HTML sarà sostituito dalla stringa **EJS TEMPLATE**, **<%= whoami.Fname %>** sarà sostituito da **John** e **<%=whoami.Lname %>** sarà sostituito da **Smith**.

In EJS, **<%= var %>** è un tag particolare utilizzato per inserire del contenuto dinamico nel file di template, ovvero il valore della variabile **var** con caratteri di *escape* che corrisponde a una proprietà dell'oggetto utilizzato nel metodo **res.render()**. Caratteri speciali come ad esempio **<**, **>** e **&** vengono quindi sostituiti con i loro codici HTML nel momento in cui il valore della variabile viene inserito nel template durante il processo di rendering. Di solito è buona norma eseguire l'escape del contenuto di una variabile per evitare di eseguire codice JavaScript dannoso che può essere sfruttato per attacchi di tipo cross-site scripting (XSS). Per inserire nel template il valore di **var** non sottoposto a escape, invece è possibile utilizzare **<%- var %>**. Si può usare questo tag per generare codice HTML non elaborato (raw HTML): ad esempio, la stringa **<%-include('myheader') %>** indica di includere un altro file all'interno del template.

Per utilizzare strutture per il controllo di flusso (ad esempio istruzioni **if** e **for**) nel template, è necessario inserirle tra i tag **<%** e **%>**. Come esempio, possiamo modificare l'oggetto **whoami**, creare un nuovo array e poi modificare la rotta in questo modo:

```
const whoami = { Fname: 'John', Lname: 'Smith', DoB: 1969}
```

```
const myinfo = [ 'football', 'basket', 'volley' ]

app.get('/', function (req, res) {

res.render('index', { title: ' EJS TEMPLATE', whoami: whoami, myinfo:
myinfo })

})
```

Modifichiamo anche il file **index.ejs**:

```
<!DOCTYPE html>
<html>
  <head>
    <title> <%= title %> </title>
  </head>
  <body>
    <h1> Ciao a tutti </h1>
    <p> Questo è un template EJS </p>
    <p> Sono <%= whoami.Fname %> <%=whoami.Lname %> </p>
    <% if( whoami.DoB != null) { %>
      <p> Sono nato nel <%= whoami.DoB %> </p>
    <% } %>
    <p> I miei sport preferiti sono: </p>
    <ul>
      <% for(let i=0; i<myinfo.length; i++) { %>
      <li><%= myinfo[i] %></li>
      <% } %>
    </ul>
  </body>
</html>
```

Se eseguiamo l'applicazione Express e visitiamo la pagina principale, vedremo visualizzato il paragrafo nell'istruzione **if** e anche un altro paragrafo con un elenco non ordinato di sport, ciascun mostrato tramite il ciclo **for**. Se modifichiamo poi l'oggetto **whoami** specificando **DoB: null**, il paragrafo nell'istruzione **if** non verrà più visualizzato.

Infine, se si desidera aggiungere un commento all'interno del codice EJS, è necessario inserirlo tra i tag **<%#** e **%>** (ad esempio, **<%# Un ciclo for per aggiungere altre informazioni %>**). Tali commenti non saranno visibili ai client.

# Dove salvare i dati - SQLite

Come abbiamo visto nel primo capitolo, i dati vengono solitamente memorizzati in un database, relazionale o non relazionale. SQLite è un pacchetto software di pubblico dominio che fornisce un *sistema di gestione di database relazionale* (Relational Database Management System - RDBMS) che può essere facilmente incorporato in un'applicazione web. Consente quindi di creare un database all'interno di un file ed eseguire su di esso le operazioni SQL più comuni.

Per utilizzare SQLite, è necessario installare il modulo **sqlite3** e caricarlo nell'applicazione Node.js specificando il nome del file di database. Creiamo quindi un nuovo progetto in una nuova cartella, inizializziamolo e installiamo i moduli **express**, **ejs** e **sqlite3** con il comando **npm install**. Una volta fatto, creiamo un file **index.js** con il seguente codice:

```
const express = require('express')

const app = express()

const host = "localhost"

const port = 8080

app.use(express.urlencoded({ extended: true }))

app.set('view engine', 'ejs')
```

```
const sqlite3 = require('sqlite3')

const db = new sqlite3.Database('my_file.sqlite3', function (err) {

if (err) { return console.error(err.message) }

console.log('Connesso al database')

/* Creazione di un DB con 4 colonne */

db.run('CREATE TABLE IF NOT EXISTS employees (id INTEGER PRIMARY
KEY AUTOINCREMENT, emp_id CHAR(30), name CHAR(50), surname
CHAR(50))')

});

app.get('/', function (req, res) {

db.all('SELECT id, emp_id, name, surname FROM employees', function (err,
rows) {

        if (err) { console.error(err.message)

                res.render('error', {msg: "Errore di caricamento"})

        }

    else {

        res.render('index', {title: "I miei impiegati", rows: rows})

        }

  })

})

const server = app.listen(port, host, function () {

  console.log("Server http://" + host + ":" + port)

})
```

Nel codice sopra riportato, la funzione **Database()** del modulo **sqlite3** contiene il nome del file di database (**my_file.sqlite3**) e una funzione di callback per registrare eventuali messaggi di errore durante la connessione. Per impostazione predefinita, se il database non esiste verrà creato e utilizzato in lettura-scrittura (è anche possibile specificarne l'utilizzo in sola lettura). Viene poi creata una tabella con il metodo **db.run()**, normalmente utilizzato per eseguire un'istruzione SQL su un database. La tabella creata si chiama **employees** e ha quattro colonne: **id**, **emp_id**, **name** e **surname**. La colonna **id** è la *chiave primaria* e identifica in modo univoco un record all'interno della tabella; viene generata automaticamente quando viene creato un nuovo record, ha un valore univoco per ogni record nella tabella e non può contenere valori NULL (ricorda che una tabella può avere solo una chiave primaria composta da una o più colonne). In SQLite, è anche possibile non impostare esplicitamente la chiave primaria dal momento che le righe della tabella normalmente hanno una colonna ROWID (intero con segno a 64 bit) il cui valore è univoco tra tutte le righe nella stessa tabella; tuttavia, se c'è una colonna nella tabella impostata come INTEGER PRIMARY KEY, quella colonna diventa un alias per ROWID (in realtà sono alias l'una per l'altra).

Ogni volta che l'applicazione Express riceverà una richiesta HTTP GET per il percorso **/**, interrogherà il database, selezionerà tutti i record nella tabella **employees** e li visualizzerà tramite **res.render()**. Il metodo **db.all()** viene utilizzato per eseguire una query SQL con i parametri specificati e invocare una funzione di callback per accedere alle righe restituite nel set di risultati (l'oggetto **rows**).

Creiamo ora un file **index.ejs** nella directory **views**:

```
<!DOCTYPE html>
<html>
  <head>
    <title> <%= title %> </title>
  </head>
  <body>
        <h1> I miei impiegati </h1>
        <p> Ecco la lista degli impiegati </p>
    <ul>
```

```
<% for(let i=0; i<rows.length; i++) { %>
    <li><%=   rows[i].emp_id%>   -   <%=rows[i].name%>   -
    <%=rows[i].surname%> </li>
  <% } %>
  </ul>
 </body>
</html>
```

Creiamo inoltre un file **error.ejs** per mostrare eventuali messaggi di errore:

```
<!DOCTYPE html>
<html>
 <head>
  <title> Errore </title>
 </head>
 <body>
    <h1> ERRORE </h1>
    <p> <%= msg %> </p>
    <a href="/"> Vai alla home </a>
 </body>
</html>
```

Dopo aver eseguito il comando **node index.js** nel terminale, navigando all'indirizzo **http://localhost:8080/**, verrà mostrata una pagina HTML con solo una intestazione e un paragrafo dal momento che nessun impiegato è ancora stato inserito.

Creiamo quindi un'altra pagina di template, raggiungibile da **index.ejs**, che consenta di inserire un nuovo impiegato. Possiamo aggiungere un link a

**index.ejs** (ad esempio, **<a href="insert_new">** **Inserisci un nuovo impiegato </a>**) e creare un file **insert_new.ejs** nella directory **views**:

```html
<!DOCTYPE html>
<html>
  <head>
    <title> <%= title %> </title>
  </head>
  <body>
    <h1> Inserisci un nuovo impiegato </h1>
    <form action="/add_new_employee" method="post" id="my_form">
        <label for="emp_id"> ID Impiegato </label>
        <input type="text" name="emp_id" id="emp_id" required><br>
        <label for="fname"> Nome </label>
        <input type="text" name="fname" id="fname" required><br>
        <label for="lname"> Cognome </label>
        <input type="text" name="lname" id="lname" required><br>
        <input id="submit" type="submit" value="Submit">
        <input id="reset" type="reset" value="Reset">
    </form>
    <a href="/"> Vai alla home </a>
  </body>
</html>
```

Aggiungiamo poi due nuove rotte al file **index.js**: la prima per visualizzare la pagina che consente di aggiungere un nuovo impiegato e la seconda per elaborare il form quando viene fatto il submit:

```js
app.get('/insert_new', function (req, res) {
```

```
    res.render('insert_new', {title: "Inserisci un nuovo impiegato"})

  })

app.post('/add_new_employee', function (req, res) {

db.run('INSERT INTO employees (emp_id, name, surname) VALUES (?, ?,
?)', req.body.emp_id, req.body.fname, req.body.lname, function(err) {

    if (err) { console.error(err.message)

            res.render('error', {msg: "Errore di inserimento"})

        }

    else{

        console.log("Record ID", this.lastID)

        db.all('SELECT id, emp_id, name, surname FROM employees',
        function (err, rows) {

          if (err) {  console.error(err.message)

                  res.render('error', {msg: "Errore di caricamento"})

              }

        else {

            res.render('index', {title: "I miei impiegati", rows: rows})

            }

        })

        }

    })

})
```

Ora è possibile iniziare a popolare la tabella. Quando si clicca sul pulsante di submit, i dati del modulo vengono inviati all'URL **add_new_employee** per l'elaborazione (gli attributi **action** e **method** del form corrispondono al percorso e al metodo HTTP della rotta); **db.run()** viene utilizzato per eseguire l'istruzione **INSERT INTO**, mentre **db.all()** viene utilizzato per recuperare i dati tramite un'istruzione **SELECT**. Si può notare che, se si passano i parametri direttamente come singoli argomenti del metodo o come array, è necessario utilizzare dei punti interrogativi (**?**) come segnaposto per quei parametri all'interno dell'istruzione SQL. Inoltre, se si esegue correttamente un'istruzione **INSERT INTO**, si può trovare il valore dell'ultimo ID di riga inserito utilizzando la proprietà **this.lastID**.

Possiamo aggiungere anche altre funzionalità all'applicazione Express; ad esempio, possiamo creare altre due pagine per aggiornare ed eliminare un impiegato. Per prima cosa dobbiamo aggiungere due link al file **index.ejs** che puntano alle corrispondenti pagine nella directory **views**.

Quindi, il link **<a href="update"> Aggiorna un impiegato </a>** punterà al file **update.ejs**:

```
<!DOCTYPE html>
<html>
  <head>
    <title> <%= title %> </title>
  </head>
  <body>
    <h1> Aggiorna un impiegato </h1>
    <form action="/update_employee" method="post" id="my_form">
        <label for="emp_id"> ID Impiegato </label>
        <input type="text" name="emp_id" id="emp_id" required><br>
        <label for="fname"> Nome </label>
        <input type="text" name="fname" id="fname" required><br>
        <label for="lname"> Cognome </label>
        <input type="text" name="lname" id="lname" required><br>
        <input id="submit" type="submit" value="Submit">
        <input id="reset" type="reset" value="Reset">
```

```
      </form>
   <a href="/"> Vai alla home </a>
   </body>
</html>
```

E il link **<a href="delete"> Cancella un impiegato </a>** punterà al file **delete.ejs**:

```
<!DOCTYPE html>
<html>
  <head>
    <title> <%= title %> </title>
  </head>
  <body>
    <h1> Cancella un impiegato </h1>
      <form action="/delete_employee?_method=DELETE"  method="post"
        id="my_form">
        <label for="emp_id"> ID Impiegato </label>
        <input type="text" name="emp_id" id="emp_id" required><br>
        <input id="submit" type="submit" value="Submit">
        <input id="reset" type="reset" value="Reset">
      </form>
   <a href="/"> Vai alla home </a>
   </body>
</html>
```

Infine, dobbiamo aggiornare il file **index.js** e creare due nuove rotte per visualizzare le pagine per l'aggiornamento e la cancellazione di un impiegato:

```
const methodOverride = require('method-override')

app.use(methodOverride('_method'));

app.get('/update', function (req, res) {

  res.render('update', {title: "Aggiornamento impiegati"})

})

app.get('/delete', function (req, res) {

  res.render('delete', {title: "Cancellazione impiegati"})

})

app.post('/update_employee', function (req, res) {

db.run('UPDATE employees SET name = ?, surname = ? WHERE emp_id =
?', req.body.fname, req.body.lname, req.body.emp_id, function(err){

    if (err) { console.error(err.message)

            res.render('error', {msg: "Errore di aggiornamento"})

        }

    else{

        if ( this.changes > 0 )

        { console.log("Aggiornato record con id ", req.body.emp_id) }

        else

        {     console.log("Record non trovato")     }

            db.all('SELECT    id,    emp_id,    name,    surname    FROM
            employees', function (err, rows) {

            if (err) {  console.error(err.message)

                res.render('error', {msg: "Errore di caricamento"})

            }
```

```
        else {

                res.render('index', {title: "I miei impiegati", rows: rows})

                }

        })

    }

  })

})
app.delete('/delete_employee', function (req, res) {

db.run('DELETE FROM employees WHERE emp_id = ?', req.body.emp_id,
function(err){

    if (err) { console.error(err.message)

            res.render('error', {msg: "Errore di cancellazione"})

            }

    else{

        if ( this.changes > 0 )

        { console.log("Cancellato record con id ", req.body.emp_id) }

        else

        {     console.log("Record non trovato")     }

                db.all('SELECT   id,   emp_id,   name,   surname   FROM
                employees', function (err, rows) {

                if (err) {  console.error(err.message)

                    res.render('error', {msg: "Errore di caricamento"})

                    }

                else {

                        res.render('index', {title: "I miei impiegati", rows:
                        rows})

                        }
```

```
      })
    }
  })
})
```

Cliccando sul pulsante di submit nella pagina per l'aggiornamento degli impiegati, i dati del modulo vengono inviati all'URL **update_employee** per l'elaborazione; **db.run()** viene utilizzato per eseguire l'istruzione **UPDATE**, mentre **db.all()** viene utilizzato per recuperare i dati tramite un'istruzione **SELECT**. Cliccando, invece, sul pulsante di submit nella pagina per la cancellazione degli impiegati, i dati del modulo vengono inviati all'URL **delete_employee** per eseguire l'istruzione **DELETE** con **db.run()** e l'istruzione **SELECT** con **db.all()**. In entrambe le rotte, i punti interrogativi (**?**) vengono utilizzati come segnaposto per i parametri nelle corrispondenti istruzioni SQL. Se le istruzioni **UPDATE** e **DELETE** sono eseguite correttamente, è possibile individuare il numero di righe aggiornate o cancellate utilizzando la proprietà **this.changes**.

Una menzione speciale va al middleware **method-override** che viene utilizzato per specificare un header per sovrascrivere il metodo POST all'invio del form e creare una richiesta PUT o DELETE (è possibile installarlo utilizzando **npm install method-override**). È necessario specificare il nome dell'header come argomento di tipo stringa per la funzione **methodOverride** e poi fare la chiamata inviando una richiesta POST all'URL con l'header specificato (nota l'attributo **action** nel file **delete.ejs**).

Nella tabella sotto riportata è possibile trovare un breve riepilogo sui metodi **db.run()** e **db.all()** discussi in precedenza nonché altre due alternative piuttosto comuni a quest'ultimo metodo.

| Metodo | Descrizione |
|--------|-------------|
| db.run() | Viene utilizzato per eseguire un'istruzione SQL su un database con i parametri specificati e poi invocare una funzione di callback (ad esempio per eseguire un'istruzione INSERT INTO, DELETE o UPDATE - l'istruzione non recupera alcun dato) |
| db.all() | Viene utilizzato per eseguire una query SQL (un'istruzione SELECT) con i parametri specificati e poi invocare una funzione di callback unica con un array contenente tutti i risultati restituiti dalla query |
| db.each() | Viene utilizzato per eseguire una query SQL (un'istruzione SELECT) con i parametri specificati e poi invocare una funzione di callback per ogni riga nel set di risultati |
| db.get() | Viene utilizzato per eseguire una query SQL (un'istruzione SELECT) con i parametri specificati che restituisce la prima riga che soddisfa la query e poi invocare una funzione di callback su tale riga |

Nella seguente tabella invece è possibile trovare un breve riepilogo delle istruzioni SQL utilizzate per selezionare, aggiornare, eliminare e inserire i record in una tabella di un database.

| Istruzione SQL | Descrizione |
|---|---|
| SELECT | Viene utilizzata per recuperare i dati presenti in una o più tabelle - nella sua forma più semplice, dopo SELECT è necessario specificare l'elenco di colonne separate da virgole che devono essere restituite dalla query (o un asterisco per specificare tutte le colonne) e la clausola FROM seguita dalla tabella da cui si desidera recuperare i dati - è inoltre possibile filtrare i record in base a una o più condizioni utilizzando la clausola WHERE |
| UPDATE | Viene utilizzata per aggiornare uno o più record esistenti in una determinata tabella - dopo UPDATE è necessario specificare il nome della tabella e la parola chiave SET seguita dalle colonne da aggiornare con il loro nuovo valore secondo la seguente sintassi: colonna1 = valore1, colonna2 = valore2, ... colonnaN = valoreN - è anche possibile specificare quali righe nella tabella devono essere aggiornate utilizzando la clausola WHERE |
| DELETE | Viene utilizzata per eliminare uno o più record esistenti in una determinata tabella - è necessario utilizzare il costrutto DELETE FROM seguito dal nome della tabella e, se necessario, da una clausola WHERE per specificare le righe della tabella da eliminare - se si omette la clausola WHERE, tutte le righe nella tabella verranno rimosse |

| INSERT INTO | Viene utilizzata per inserire un nuovo record in una tabella - dopo INSERT INTO è necessario specificare il nome della tabella in cui inserire i dati seguito dalle colonne della tabella tra parentesi tonde e poi la parola chiave VALUES seguita dai valori da inserire nelle colonne, sempre tra parentesi tonde (sia le colonne della tabella sia i valori da inserire devono essere separati da virgole) - se si vogliono aggiungere valori per tutte le colonne della tabella, non è necessario specificare i nomi delle colonne nell'istruzione SQL (i valori devono però essere nello stesso ordine delle colonne della tabella) |
|---|---|

Infine, riportiamo alcune considerazioni che possono essere estremamente utili durante il percorso di apprendimento:

- Le funzioni di callback vengono utilizzate per eseguire operazioni specifiche dopo l'esecuzione di una istruzione (ad esempio permettono di recuperare il valore dell'ultimo ID di riga inserito nel caso di un'istruzione **INSERT INTO** o di controllare il numero di record modificati o eliminati nel caso di istruzioni **UPDATE** o **DELETE**)

- All'interno di una istruzione SQL è possibile utilizzare dei punti interrogativi (**?**) come parametri per tale istruzione: ciò è utile per distinguere facilmente tra elementi statici e dinamici e per sanificare il contenuto delle variabili prima che vengano utilizzate nell'istruzione SQL (in questo modo si previene un attacco molto comune chiamato *SQL injection*, che si basa sull'esecuzione involontaria di istruzioni SQL inserite in dati dinamici da un utente malintenzionato)

- È anche possibile passare i parametri in un oggetto utilizzando i *parametri nominali* (*named parameters*): le proprietà dell'oggetto sono i nomi dei campi preceduti dal carattere **$** il cui valore viene poi passato all'istruzione SQL per l'esecuzione - ad esempio, si può riscrivere l'istruzione **INSERT INTO** utilizzando i parametri nominali in questo modo:

```
let parameters = {

    $emp_id: req.body.emp_id,

    $fname: req.body.fname,

    $lname: req.body.lname

}
db.run('INSERT INTO employees (emp_id, name, surname) VALUES
($emp_id, $fname, $lname)', parameters, function(err) {

    /* funzione di callback */

})
```

- Una volta completate le operazioni nello script, è buona norma chiudere in modo ordinato il server e la connessione al database. Per evitare improvvisi crash del database e possibili inconsistenze nei dati, è possibile usare il metodo **process.on()** per intercettare il segnale SIGINT (corrisponde alla scorciatoia da tastiera CTRL+C che chiude un programma in esecuzione in foreground nel terminale) ed eseguire un comando di arresto ordinato sia del database sia del server (il codice è inserito nella funzione di callback). Un esempio è il seguente che può essere inserito alla fine del file **index.js**:

```
process.on('SIGINT', function () {

  db.close()

  server.close()

  console.log('Il DB e il server sono chiusi')

})
```

# Esercizi - Node.js

1. Crea un'applicazione Node.js che utilizzi una funzione definita all'interno del modulo **even_odd.js** che controlla se un numero è maggiore di 0 e, in tal caso, scrive se è pari o dispari sulla console del browser.

   Per prima cosa devi creare il file **even_odd.js**:

```
function even_odd(my_number)
{
    if ( my_number > 0 )
        {
            console.log("Numero positivo - elaborazione in corso...");
            if ( my_number % 2 == 0 )
                {
                    console.log("Numero Pari");
                }
            else
                {
                    console.log("Numero Dispari");
                }
        }
    else
```

```
        {
                console.log("Numero negativo - zero - dati non corretti");
        }
}
module.exports = {
    even_odd
}
```

E poi devi creare l'applicazione Node.js principale che utilizza tale file:

```
const e_o = require('./even_odd');
let n = 963;
e_o.even_odd(n);
```

2. Crea un'applicazione Node.js che utilizzi una funzione definita all'interno del modulo **count.js** che, dato un array di elementi, conta le occorrenze dei numeri 0 e 1 e tutte le altre occorrenze (le stringhe e gli altri numeri vengono contati insieme) e stampa tanti asterischi quante sono le occorrenze trovate. Utilizza l'istruzione **switch** per testare l'uguaglianza stretta di ogni valore con gli elementi dell'array.

Per prima cosa devi creare il file **count.js**:

```
function arr_count(array)
{
var zero = 0;
var one = 0;
var other = 0;
let total = "";
```

```
for(let i=0;i<array.length;i++)
  {
      switch(array[i])
      {
          case 0: zero++; break;
          case 1: one++; break;
          default: other++; break;
      }
  }
while(zero>0)
{
    total = total +"*";
    zero--;
}
console.log("Totale - 0:", total);
total="";
while(one>0)
{
    total = total +"*"
    one--;
}
console.log("Totale - 1:", total);
total="";
while(other>0)
{
    total = total +"*"
```

```
      other--;
  }
  console.log("Totale - Altri valori:", total);
}
module.exports = {
    arr_count
}
```

E poi devi creare l'applicazione Node.js principale che utilizza tale file:

```
const cc = require('./count');
var my_array = [ 100, 0, 'HTML', 'a', 1, '0', 0, 6, 0];
cc.arr_count(my_array);
```

3. Crea un'applicazione Node.js che utilizzi una funzione definita nel modulo **diff.js** che, dati tre numeri, calcola la differenza tra il massimo e il minimo.

Per prima cosa devi creare il file **diff.js**:

```
function diff(a, b, c)
{
  let max=a;
  let min=a;
  let d=0;
  if(max < b) { max=b; }
  if(max < c) { max=c; }
  if(min > b) { min=b; }
  if(min > c) { min=c; }
```

```
    d=max-min;

    return d;

}

module.exports = {

    diff

}
```

E poi devi creare l'applicazione Node.js principale che utilizza tale file:

```
const calc_diff = require('./diff');

let d = calc_diff.diff(5, 8, 42);

console.log('Differenza', d);
```

4. Crea un'applicazione Node.js che utilizzi una funzione definita nel modulo **array.js** che, dato un array di numeri, registra le posizioni del massimo e del minimo. Se tutti i numeri sono uguali, viene scritto uno specifico messaggio sulla console del browser.

Per prima cosa devi creare il file **array.js**:

```
function arr_pos(array)

{

var min=array[0];

var max=array[0];

var p=0;

var all_p_max="";

var all_p_min="";
```

```
for(let i=1;i<array.length;i++)
  {
      if(min>array[i])
      {
          min=array[i];
      }
  }
  for(let i=1;i<array.length;i++)
  {
      if(max < array[i])
      {
          max=array[i];
      }
  }
  for(let i=0;i<array.length;i++)
  {
      if(max == array[i])
      {
        p=i+1;
        all_p_max = all_p_max + " " + p;
      }
      if(min == array[i])
      {
        p=i+1;
        all_p_min = all_p_min + " " + p;
      }
```

```
  }
  if (all_p_max == all_p_min)
  {
    console.log("Tutti i numeri sono uguali")
  }
  else
  {
    console.log("Massimo - Posizioni: " + all_p_max);
    console.log("Minimo - Posizioni: " + all_p_min);
  }
}
module.exports = {
  arr_pos
}
```

E poi devi creare l'applicazione Node.js principale che utilizza tale file:

```
const a_p = require('./array');
var numbers = [ 3, 52, 6, 3, 3, 62];
a_p.arr_pos(numbers);
```

5. Crea un'applicazione Express che serva i file statici **index.html** e **newsletter.html** creati in **Esercizi - HTML**.

Devi creare un nuovo progetto, inizializzarlo con **npm init** e installare il modulo **express** con **npm install express**. Poi devi copiare **index.html**, **newsletter.html** e tutti i file correlati (file CSS, file JavaScript e immagini) nella cartella **public**. Una volta fatto, puoi creare il file **index.js** in questo modo:

```
const express = require('express')

const app = express()

const host = "localhost"

const port = 8080

app.use(express.static('public'))

app.listen(port, host, function () {

console.log("Server in ascolto - http://" + host + ":" + port)

})
```

6. Crea la rotta statica **/send** in **index.js** che, all'invio del form, restituisca i dati inseriti dall'utente in **newsletter.html**. Ricorda che il metodo utilizzato nell'elemento **<form>** è GET.

Per prima cosa assicurati che l'elemento **<form>** abbia il seguente tag di apertura:

```
<form action="/send" method="get" id="my_form">
```

E poi aggiungi la seguente rotta in **index.js**:

```
app.get('/send', function (req, res) {
  res.send("Dati inseriti: "+ req.query.first_name + " - " +
  req.query.last_name + " - " + req.query.email)
})
```

7. Come puoi modificare la rotta in **index.js** se l'elemento **<form>** utilizza POST anziché GET?

```
app.use(express.urlencoded({ extended: true }))
app.post('/send', function (req, res) {
```

```
res.send('Dati inseriti: ' + req.body.first_name + " - " +

req.body.last_name + " - " + req.body.email)

})
```

8. Supponendo che il metodo utilizzato nell'elemento **<form>** sia GET, modifica la rotta in **index.js** in modo che, all'invio del form, i dati inseriti vengano salvati in un database SQLite. Se tutto funziona correttamente, la rotta deve restituire l'ID dell'ultimo record inserito o, in caso contrario, un errore.

Per prima cosa devi installare il modulo **sqlite3** con **npm install sqlite3** e poi devi modificare il file **index.js** in questo modo:

```
const express = require('express')

const app = express()

const host = "localhost"

const port = 8080

app.use(express.static('public'))

const sqlite3 = require('sqlite3')

const db = new sqlite3.Database('newsletter.sqlite3', function (err) {

    if (err) {

            return console.error('err.message')

        }

    console.log('Connessione effettuata correttamente')

    db.run('CREATE TABLE IF NOT EXISTS data (id INTEGER PRIMARY
    KEY AUTOINCREMENT, first_name CHAR(30), last_name CHAR(50),
    email CHAR(50))')

})

app.get('/send', function (req, res) {
```

```
db.run('INSERT INTO data (first_name, last_name, email) VALUES (?,
?, ?)', req.query.first_name, req.query.last_name, req.query.email,
function(err) {

if (err) {

        res.send("ERRORE " + err.message)

    }

  else {

        res.send("Record inserito con ID " + this.lastID)

    }

  })

})

app.listen(port, host, function () {

console.log("Server in ascolto - http://" + host + ":" + port)

})
```

9. Come puoi modificare la rotta appena creata se vuoi utilizzare i parametri nominali?

Puoi, ad esempio, creare un oggetto e passarlo a **db.run()**, evitando così di specificare ogni singolo valore.

```
app.get('/send', function (req, res) {

    let parameters = {

    $first_name: req.query.first_name,

    $last_name: req.query.last_name,

    $email: req.query.email

    }

    db.run('INSERT INTO data (first_name, last_name, email) VALUES
```

```
($first_name, $last_name, $email)', parameters, function(err) {

    if (err) {

            res.send("ERRORE " + err.message)

        }

    else {

            res.send("Record inserito con ID " + this.lastID)

        }

    })

})
```

10. Modifica la rotta per il percorso **/send** in modo che salvi i dati nel database SQLite solo se l'email non è mai stata archiviata. Se l'email è già stata inserita in precedenza, la rotta deve restituire un errore.

```
app.get('/send', function (req, res) {

    db.all('SELECT email FROM data WHERE email = ?', req.query.email,
    function (err, rows) {

        if (err) {

                res.send("ERRORE " + err.message)

            }

        else {

                if (rows.length > 0)

                {

                        res.send("ERRORE - Email già inserita")

                }

            else

                {
```

```
            db.run('INSERT INTO data (first_name, last_name, email)
            VALUES    (?,    ?,    ?)',    req.query.first_name,
            req.query.last_name, req.query.email, function(err) {

            if (err) {

                    res.send("ERRORE " + err.message)

                }

            else {

                    res.send("Record inserito con ID " + this.lastID)

                }

            })

        }

    }

})
})
```

11. Utilizzando Embedded JavaScript, crea due pagine chiamate **error_page.ejs** e **result_page.ejs** che visualizzino in modo dinamico le informazioni inviate con **res.send()**.

Per prima cosa devi installare il modulo **ejs** con **npm install ejs** e poi creare **error_page.ejs** e **result_page.ejs** nella cartella **views** all'interno della directory di progetto.

Puoi creare **error_page.ejs** in questo modo:

```
<!DOCTYPE html>
<html>
  <head>
    <title> ERRORE </title>
```

```
      <style>
        p {
         color: red;
        }
      </style>
    </head>
    <body>
      <p> <%= message %> </p>
    </body>
  </html>
```

E poi puoi creare **result_page.ejs** in questo modo:

```
<!DOCTYPE html>
<html>
  <head>
    <title> <%= title %> </title>
    <style>
      p {
       color: blue;
      }
    </style>
  </head>
  <body>
    <p> Record inserito con ID: <%= id %> </p>
  </body>
</html>
```

Infine devi aggiungere la riga **app.set('view engine', 'ejs')** in **index.js** e modificare la rotta per il percorso **/send**:

```
app.get('/send', function (req, res) {
    db.all('SELECT email FROM data WHERE email = ?', req.query.email,
    function (err, rows) {
      if (err) {
              res.render('error_page',{ message: err.message})
          }
      else {
              if (rows.length > 0)
              {
                  res.render('error_page', {message: 'ERRORE - Email già
                  inserita'})
              }
              else
              {
                  db.run('INSERT INTO data (first_name, last_name,
                  email) VALUES (?, ?, ?)', req.query.first_name,
                  req.query.last_name, req.query.email, function(err) {
                      if (err) {
                              res.render('error_page',{ message:
                              err.message})
                          }
                      else {
                              res.render('result_page', {title: "ID
                              Inserito", id: this.lastID})
                          }
```

```
                })
              }
            }
          })
        })
```

12. Utilizzando Embedded JavaScript, crea una rotta per il percorso **/retrieveall** che restituisca tutte le email presenti all'interno del database, ciascuna in un nuovo paragrafo.

Per prima cosa devi creare il file **retrieve_all.ejs** nella cartella **views** in questo modo:

```html
<!DOCTYPE html>
<html>
  <head>
    <title> <%= title %> </title>
  </head>
  <body>
    <h1> Elenco di email </h1>
    <% for(let i=0; i<rows.length; i++) { %>
    <p> <%=rows[i].email%> </p>
    <% } %>
  </body>
</html>
```

E poi devi creare una nuova rotta in **index.js**:

```js
app.get('/retrieveall', function (req, res) {
  db.all('SELECT * FROM data', function (err, rows) {
```

```
        if (err){

                res.render('error_page',{ message: err.message})

        }

    else{

        res.render('retrieve_all', {title: "Elenco di email", rows: rows})

        }

    })

})
```

13. Crea una rotta per il percorso **/whois** che, dato un indirizzo email come *parametro di rotta*, restituisca il nome e il cognome del corrispondente utente iscritto alla newsletter. Supponendo che un indirizzo email sia univoco all'interno del database, utilizza un metodo diverso da **db.all()**.

```
app.get('/whois/:email/', function (req, res) {

    db.get('SELECT first_name, last_name FROM data where email = ?',
    req.params.email, function (err, row) {

      if (err){

                res.send("ERRORE " + err.message)

            }

      else{

                if (row == undefined) {

                    res.send("Nessuna email trovata")

                }

                else {

                    res.send(row.first_name + " " + row.last_name)

                }
```

```
      }
   })
})
```

14. Crea una rotta per il percorso **/del** che, dato un indirizzo email come *parametro di rotta*, cancelli il corrispondente record all'interno del database.

```
app.get('/del/:email/', function (req, res) {
  db.run('DELETE FROM data WHERE email = ?', req.params.email,
  function(err){
      if (err) {
            res.send("ERRORE " + err.message)
      }
      else{
           if ( this.changes > 0 ) {
             res.send("Record cancellato")
          }
          else {
             res.send("Nessun record cancellato")
          }
      }
   })
})
```

15. Crea una rotta per il percorso **/read** che, utilizzando il modulo **fs** (modulo del file system), legga un file **policy.html** nella directory di progetto e ne mostri il contenuto all'utente.

Per prima cosa devi caricare il modulo richiesto in **index.js**:

```
let fs = require('fs')
```

E poi devi creare una nuova rotta per il percorso **/read**:

```
app.get('/read', function (req, res) {
    fs.readFile('./policy.html', null, function (error, data) {
        if (error)
        {
            res.writeHead(404)
            res.write('Errore - File non disponibile')
        }
        else
        {
            res.write(data)
        }
        res.end()
    })
})
```

# Conclusioni

Il tuo percorso di apprendimento nell'affascinante mondo dello sviluppo web è ora giunto al termine. In questo libro abbiamo analizzato le principali tecnologie per lo sviluppo di siti e applicazioni web sia lato client sia lato server. Abbiamo analizzato i linguaggi HTML, CSS e JavaScript utilizzati per la programmazione front-end (lato client) e Node.js e SQL per la programmazione back-end (lato server).

Giunto a questo punto puoi decidere se validare le tue conoscenze e ottenere la certificazione *Web Development Essentials* oppure affacciarti sul mercato del lavoro e proporti, a seconda di quale parte di programmazione ti sia piaciuta di più, come *sviluppatore front-end*, *back-end* o *full stack*. Se decidi di sostenere l'esame di certificazione, rileggi attentamente i consigli che ti ho dato nel paragrafo *Suggerimenti per l'esame* nel capitolo *Introduzione*: lì troverai tutto ciò che ti può servire per superare l'esame di certificazione e anche delle utili informazioni su un nuovo libro di simulazioni che ti permetterà di esercitarti e di testare le tue conoscenze in ambito web. In ogni caso, che tu decida di sostenere o meno l'esame, ricorda che quanto hai imparato in questo libro è soltanto il punto di partenza per diventare un bravo sviluppatore web e che devi migliorare quotidianamente le tue conoscenze e le tue competenze per stare al passo con i tempi. Nuovi linguaggi di programmazione, framework e librerie ti aspettano e, sia che la programmazione diventi un lavoro sia che rimanga soltanto un hobby, ricordati di mettere tanta passione in tutto ciò che fai.

Ora siamo davvero giunti alla conclusione e ai saluti finali: spero che questo libro sia servito per accrescere le tue conoscenze, che sia stato di ispirazione per poterti migliorare giorno dopo giorno e che tu possa avere una brillante carriera, realizzando tutti i tuoi sogni.

www.ingramcontent.com/pod-product-compliance
Lightning Source LLC
LaVergne TN
LVHW081339050326
832903LV00024B/1214